证件号码：________

准考证号：________

考生姓名：________

2023 年全国经济专业技术资格考试

《财政税收专业知识与实务》(中级)

机考真题

扫码兑换　备考课程

考场规则

一、自考试开始前30分钟起，应试人员凭准考证和有效身份证件（须与报考时所使用的身份证件一致）进入本科目考试所指定考场，按座位号入座，并将准考证和有效身份证件放置在座位右上角。

二、本次考试为电子化考试，须在计算机上作答，应试人员参加考试可携带的用品只限于铅笔。

三、每科目开始5分钟后，迟到的应试人员一律不得进入考场。各科目考试时长（最长作答时间）为1.5小时，经监考人员同意，应试人员可提前15分钟交卷、离场。

四、应试人员须按照考试系统提示的要求进行操作，不得擅自对计算机进行冷、热启动，不得关闭电源或作出其他与考试无关的操作。

五、应试人员应按照考试系统的提示登录系统，须认真阅读《考场规则》及《操作指南》，并点击“我已阅读”按钮。考试开始后，考试系统将自动进行计时，应试人员作答时间以考试系统计时器显示的结果为准。

六、应试人员须在考场内保持安静；独立进行作答，不得与其他应试人员交流讨论，不得要求监考人员解释试题；遇到无法登录、系统故障等异常情况时可举手询问，不得自行处置。

七、应试人员应自觉接受工作人员的监督和检查，服从工作人员安排。

八、应试人员交卷后，须确认界面提示“交卷成功”，方可离开考场；若界面提示“交卷失败”，须及时联系监考人员。

九、应试人员不得将相关考试信息以任何方式带出考场，交卷后不得在考场附近逗留、谈论。

十、考试违纪违规行为按照人力资源社会保障部《专业技术人员资格考试违纪违规行为处理规定》处理。

一、单项选择题（共60题，每题1分。每题的备选项中，只有1个最符合题意）

1. 在财政专项支付中，对具有地域管理信息优势的项目主要采取的分配方式是（　　）。

A. 因素法　　B. 项目法　　C. 定额法　　D. 零基法

2. 甲国居民有来源于甲国所得100万元、乙国所得200万元、丙国所得300万元，甲、乙、丙三国所得税税率分别为50%、40%、60%，在分国抵免法下，甲国应对上述所得征收所得税为（　　）万元。

A. 70　　B. 60　　C. 30　　D. 240

3. 在财政赤字管理中，用债务收入弥补收支差额后仍然存在的赤字通常被称为（　　）。

A. 实赤字　　B. 虚赤字　　C. 硬赤字　　D. 软赤字

4. 企业与其关联方的合并利润或者亏损在各方之间采用合理标准进行分配的方法为（　　）。

A. 销售价格法　　B. 成本加成法

C. 利润分割法　　D. 可比价格法

5. 下列属于直接隐性债务的是（　　）。

A. 金融机构不良资产　　B. 对供销社系统及农村合作基金会的援助

C. 乡镇财政债务　　D. 社会保障资金缺口

6. 下列不属于综合所得的是（　　）。

A. 特许权使用费所得　　B. 财产转让所得

C. 稿酬所得　　D. 工资、薪金所得

7. 抚恤、救济金属于（　　）。

A. 补偿性支出　　B. 生产性支出

C. 积累性支出　　D. 消费性支出

8. 企业发放补充医疗保险作为职工福利，该项职工福利不超过职工工资总额的一定比例可以在计算企业所得税应纳税所得额时扣除，该扣除比例是（　　）。

A. 5%　　B. 8%　　C. 2%　　D. 14%

9. 对于无须特别鼓励使用，也无须限制使用的公共物品和公共劳务，应采取的收费政策是（　　）。

A. 平价政策　　B. 免费政策　　C. 低价政策　　D. 高价政策

10. 关于解决市场失灵的方法的说法，正确的是（　　）。

A. 通过市场主体的努力可以解决市场失灵

B. 通过政府财政干预，以非市场方式可以解决市场失灵

C. 通过市场方式可以解决市场失灵

D. 通过市场组织的相互协调可以解决市场失灵

11. 某企业2022年纳税信用评级得分65分，则该企业纳税信用应被评为（　　）。

A. A级　　B. B级　　C. C级　　D. D级

12. 某企业为增值税一般纳税人，适用的增值税税率为13%，以自产产品对外捐赠，不含税售价为100 000元，成本为60 000元，则正确的会计处理为（　　）。

A. 借：营业外支出　　113 000

　　贷：主营业务收入　　100 000

　　　　应交税费——应交增值税（销项税额）　　13 000

B. 借：管理费用　　113 000

　　贷：主营业务收入　　100 000

应交税费——应交增值税（销项税额）　　13 000

C. 借：营业外支出　　73 000

贷：库存商品　　60 000

应交税费——应交增值税（销项税额）　　13 000

D. 借：利润分配　　73 000

贷：主营业务收入　　60 000

应交税费——应交增值税（销项税额）　　13 000

13. 我国养老保险筹备模式采用社会统筹和个人账户相结合的方式，这种模式属于（　　）。

A. 部分基金式　　B. 完全基金式

C. 基础基金式　　D. 现收现付式

14. 增值税纳税人提供融资租赁服务应该差额计征增值税，下列不可以从全部价款和价外费用中扣除的是（　　）。

A. 支付的企业债券发行利息　　B. 支付的企业借款利息

C. 支付的资产购置价款　　D. 支付的车辆购置税

15. 下列不属于纳税担保范围的是（　　）。

A. 滞纳金　　B. 罚款

C. 质押保管费　　D. 拍卖担保财产费

16. 某企业新试制一批高档化妆品作为员工福利，无同类产品售价，成本为 10 000 元。已知高档化妆品的消费税税率为 15%，成本利润率为 5%，则正确的会计分录为（　　）。

A. 借：应付职工薪酬　　1 852.94

贷：应交税费——应交消费税　　1 852.94

B. 借：税金及附加　　1 852.94

贷：应交税费——应交消费税　　1 852.94

C. 借：应付职工薪酬　　1 500.00

贷：应交税费——应交消费税　　1 500.00

D. 借：税金及附加　　1 500.00

贷：应交税费——应交消费税　　1 500.00

17. 编制部门预算应该量入为出，收支平衡，不能编制赤字预算，体现的编制原则为（　　）。

A. 完整性原则　　B. 稳妥性原则

C. 合法性原则　　D. 科学性原则

18. 在政府间事权划分中，绝大部分国家将（　　）事务划归中央专门管理。

A. 内政　　B. 国防　　C. 公安　　D. 外交

19. 某酒厂（一般纳税人）2023 年 4 月销售粮食白酒 12 000 斤，售价为 5 元/斤；本月销售礼品盒 6 000 套，售价为 300 元/套，每套包括粮食白酒 2 斤，单价 80 元/斤，薯类白酒 2 斤，单价 70 元/斤。该酒厂当月应缴纳消费税（　　）元。（上述单价均为不含税价格，白酒的消费税税率为 20%＋0.5 元/斤，其他酒的消费税税率为 10%）

A. 383 000　　B. 378 550　　C. 352 550　　D. 390 000

20. 下列关于财政支出对经济的影响，说法正确的是（　　）。

A. 购买性支出对微观经济主体的预算约束是弱性的

B. 购买性支出执行国民收入分配职能较强

C. 转移性支出对政府的效益约束较强

D. 转移性支出对微观经济主体的预算约束是软性的

21. 最早实行复式预算的国家是（　　）。

A. 丹麦　　B. 英国　　C. 美国　　D. 德国

22. 皮科克和怀斯曼提出的理论是（　　）。

A. 经济发展阶段论　　B. 中期阶段

C. 公共收入增长导致论　　D. 政府活动扩张法则

23. “成本—效益”分析法的难点在于（　　）。

A. 直接成本与直接收益的测算

B. 间接成本与间接收益的测算

C. 直接成本与直接效益之外的其他成本与效益的测算

D. 间接成本与间接效益之外的其他成本与效益的测算

24. 王先生在甲公司任职，同时利用业余时间为乙公司提供设计服务，每月分别从甲公司、乙公司取得工资、薪金所得和劳务报酬所得。关于纳税人、扣缴义务人的说法，错误的是（　　）。

A. 甲公司是扣缴义务人　　B. 乙公司是扣缴义务人

C. 王先生是纳税义务人　　D. 甲公司是负税人

25. 2022年2月，某卷烟批发企业（持有烟草批发许可证）向商场批发甲类卷烟24万支，取得不含税销售额18.6万元；向其他批发单位批发甲类卷烟50万支，取得不含税销售额30万元。该企业当月应缴纳消费税（　　）万元。（卷烟批发环节消费税税率为11%加0.005元/支）

A. 2.05　　B. 2.17　　C. 5.35　　D. 5.72

26. 在市场活动中没有得到补偿的额外成本使得收益外溢，这种状况称为（　　）。

A. 外部效应　　B. 正外部效应

C. 负外部效应　　D. 竞争性

27. 下列关于财政补贴的性质，说法正确的是（　　）。

A. 财政补贴是为了获得财政收入

B. 财政补贴是为了实现特定的政治、经济和社会目标

C. 财政补贴是通过财政资金有偿进行的

D. 财政补贴是政府与政府之间的支出

28. 根据个人所得税法律制度的规定，符合学历继续教育专项附加扣除的标准，定额每月可扣除（　　）元。

A. 3 600　　B. 400　　C. 800　　D. 300

29. 只考虑地区间支出需求的转移支付模式是（　　）。

A. 财政收入能力均等化模式　　B. 支出均衡模式

C. 收支均衡模式　　D. 有限的财政收入能力—支出需求均衡模式

30. 居民个人李先生2022年取得工资、薪金15万元，劳务报酬0.3万元，稿费0.6万元，全年专项扣除和专项附加扣除共4.2万元，则李先生2022年取得综合所得的个人所得税应纳税所得额为（　　）万元。

A. 11.376　　B. 5.700　　C. 5.376　　D. 5.356

31. “贷款修路，收费还贷”属于基础设施提供方式中的（　　）。

A. 政府筹资建设

B. 私人出资、定期收费补偿成本并适当盈利

C. 政府与民间共同投资

D. PPP 模式

32. 税收必须为国家筹集充足的财政资金，以满足国家职能活动需要，这是税收（　　）的要求。

A. 经济原则　　B. 财政原则

C. 公平原则　　D. 税务行政原则

33. 就应用范围来看，盈亏相抵作为一种税收支出形式，该办法只能适用于（　　）。

A. 流转税　　B. 财产税　　C. 所得税　　D. 资源税

34. 关于政府干预的说法，不正确的是（　　）。

A. 市场失灵为政府干预提供了必要性和合理性

B. 市场和政府的职能作用是不同的，市场主要作用是纠正政府失灵

C. 立法和行政手段属于政府干预的手段

D. 政府干预的财政手段既不直接生产，也不直接提供公共物品

35. 某进出口公司今年 8 月进口一批货物，关税税率 10%，成交价格 35 万元，该货物运往我国的运费 5 万元，保险费 1.2 万元。该公司进口环节应缴纳的关税为（　　）万元。

A. 4.05　　B. 4.12　　C. 4.01　　D. 4.00

36. 某生产企业属于增值税小规模纳税人，2023 年 5 月发生如下业务：销售产品的销售额为 70 000元；销售自己使用过的小汽车 1 辆，取得含税收入 20 000 元，小汽车于 2011 年购入，原值 150 000 元。该企业上述业务应缴纳增值税（　　）元。

A. 0　　B. 873.77

C. 1 088.35　　D. 2 488.35

37. 关于政府购买服务的预算与财务管理的说法，错误的是（　　）。

A. 政府购买服务所需资金不得在既有预算中统筹安排，需要单独安排

B. 加快建立购买服务支出标准体系，逐步在预算编报、资金安排、预算批复等方面建立规范流程

C. 使用购买服务预算资金要严格遵守相关财政财务管理规定，不得截留和挪用

D. 承接主体要认真履行合同规定，采取有效措施增强服务能力，提高服务水平

38. 其他个人销售自己使用过的物品，正确的增值税税务处理是（　　）。

A. 按适用税率征收增值税

B. 按简易办法依 3% 征收率减按 2% 征收增值税

C. 免征增值税

D. 作为小规模纳税人按 3% 征收率征收增值税

39. 政府预算监督最基本的表现形式之一是（　　）。

A. 对财政收支的审查　　B. 对财政预算的审批

C. 对财政收支的审计　　D. 对财政预算的反馈

40. 下列各项中可以作为城市维护建设税计税依据的是（　　）。

A. 对进口产品征收的关税

B. 内资企业违反增值税有关税法而加收的滞纳金

C. 内资企业违反消费税有关税法而加收的罚款

D. 内资企业补缴上年未缴的增值税、消费税税款

41. 刘某于 2023 年 5 月购买体育彩票，一次中奖 5 000 元。则刘某的彩票中奖所得应缴纳个人

所得税（　　）元。

A. 0　　B. 500　　C. 1 000　　D. 1 250

42. 甲企业为增值税一般纳税人，2023 年 4 月以预付款方式销售货物一批，当月收取乙企业的预付货款 22 600 元，2023 年 7 月发出货物，则 2023 年 7 月甲企业应做的正确账务处理为（　　）。

A. 借：合同负债　　22 600
　　贷：主营业务收入　　20 000
　　　　应交税费——应交增值税（销项税额）　　2 600

B. 借：银行存款　　22 600
　　贷：预收账款　　22 600

C. 借：银行存款　　22 600
　　贷：合同负债　　20 000
　　　　应交税费——应交增值税（销项税额）　　2 600

D. 借：银行存款　　22 600
　　贷：其他应付款——预付款　　22 600

43. 一般纳税人甲通过某大桥时，支付通行费 500 元，取得通行费发票，则可抵扣的进项税额为（　　）元。

A. 20.56　　B. 23.81

C. 25.77　　D. 28.92

44. 关于消费税计税依据的说法，错误的是（　　）。

A. 电子烟生产环节纳税人采用代销方式销售电子烟的，按照经销商（代理商）销售给电子烟批发企业的销售额计算纳税

B. 用于抵债的自产应税消费品应做销售处理，发出货物的一方按应税消费品的最高价计征增值税、消费税

C. 纳税人将自产的应税消费品与外购或自产的非应税消费品组成套装销售的，以套装产品的销售额（不含增值税）为计税依据

D. 酒厂销售白酒而收取的包装物押金，无论押金是否返还及会计如何核算，均需并入白酒销售额中，依白酒的适用税率征收消费税

45. 某企业为国家鼓励的重点集成电路设计企业，2018 年成立，2021 年开始有盈利。2022 年应税收入 1 000 万元，成本 200 万元，则该企业 2022 年应纳企业所得税（　　）万元。

A. 0　　B. 80　　C. 120　　D. 160

46. 关于政府预算编制的说法，错误的是（　　）。

A. 各级部门预算编制完成后，要提交本级财政部门统一进行审查汇编

B. 政府财政总预算是各级财政部门所属各部门预算加上财政部门自身掌握的有关收支，反映的是一级政府收支的预算

C. 财政部门在汇编中央或地方预算草案时，简单地将各地方或各部门预算中的收支数额进行汇总

D. 按照行政级别，一级政府财政预算可分为由财政部汇编的中央预算和地方总预算，以及由各级地方财政部门汇编的本级地方总预算

47. 关于增值税进项税额加计抵减的说法，错误的是（　　）。

A. 2023 年允许生产性服务业纳税人按照当期可抵扣进项税额加计 5%抵减应纳税额

B. 允许进项税额加计抵减的生产性服务业纳税人是指提供邮政服务、电信服务、现代服务取得的销售额，占全部销售额的比重超过60%的纳税人

C. 2023年允许生活性服务业纳税人按照当期可抵扣进项税额加计10%抵减应纳税额

D. 纳税人可计提但未计提的加计抵减额，可在确定适用加计抵减政策当期一并计提

48. 关于我国专项转移支付的说法，错误的是（　　）。

A. 由下级政府按照上级政府规定的用途安排使用的预算资金

B. 委托类专项是属于中央的事权，中央委托地方实施而设立的专项转移支付

C. 属于共担类专项转移支付的，中央政府要严格控制资金规模

D. 属于地方事权而设立的专项转移支付有引导类、救济类、应急类

49. 下列不属于免征车辆购置税的是（　　）。

A. 中国人民武装警察部队列入装备订货计划的车辆

B. 设有固定装置的运输专用作业车辆

C. 城市公交企业购置的公共汽电车辆

D. 2023年5月购置的新能源汽车

50. 关于消费税纳税地点，下列说法正确的是（　　）。

A. 纳税人的总机构与分支机构不在同一县的，应当向总机构所在地的主管税务机关申报纳税

B. 委托个人加工的应税消费品，由受托方向其机构所在地主管税务机关申报纳税

C. 进口的应税消费品，由进口人或其代理人向报关地海关申报纳税

D. 纳税人到外县销售自产应税消费品的，向销售地主管税务机关申报纳税

51. 自2020年9月29日起，转入方将原转出方无偿转让的股票再进行转让时，以（　　）为买入价，按照“金融商品转让”计算缴纳增值税。

A. 转出方的买入价　　B. 转出方的卖出价

C. 最近15天平均市价　　D. 组成计税价格

52. 个人转让股权，按（　　）缴纳个人所得税。

A. 财产租赁所得　　B. 股息、红利所得

C. 特许权使用费所得　　D. 财产转让所得

53. 某公司2022年发生两笔用产品换取房产业务，并已办理了相关手续。其中，第一笔业务换出的产品价值500万元，换进的房产价值800万元，并向对方支付差额300万元；第二笔业务换出的产品价值600万元，换进的房产价值300万元，并收取差额300万元。已知当地人民政府规定的契税税率为3%，该公司上述两笔业务应缴纳契税（　　）万元。

A. 0　　B. 9　　C. 18　　D. 33

54. 下列关于税务行政复议申请期限的说法，不正确的是（　　）。

A. 申请人可以在知道税务机关做出具体行政行为之日起60日内提出行政复议申请

B. 当场作出具体行政行为的，自具体行政行为作出之日起计算

C. 载明具体行政行为的法律文书直接送达的，自受送达人签收之日起计算

D. 具体行政行为依法通过公告形式告知受送达人的，自公告发布之日起计算

55. 纳税人（个体工商户）不办理税务登记证，由税务机关责令限期改正，逾期不改正的，由（　　）。

A. 税务关机责令停业整顿

B. 税务机关处2 000元以下罚款

C. 税务机关提请市场监督管理机关吊销其营业执照

D. 税务机关处 2 000 元以上 10 000 元以下罚款

56. 主要强调政府预算的功能性特征，其视角属于（　　）。

A. 经济学　　B. 政治学

C. 管理学　　D. 法学

57. 国库现金管理的操作方式不包括（　　）。

A. 公债回购　　B. 逆回购

C. 买回公债　　D. 商业银行活期存款

58. 政府投资于资本密集型项目，所执行的投资决策标准是（　　）。

A. 就业创造标准　　B. 资本—产出比率最大化标准

C. 资本—劳动力比率最大化标准　　D. 资本—劳动力不平衡标准

59. 下列征税行为中，体现了税收横向公平原则的是（　　）。

A. 对经济条件相同的纳税人同等课税

B. 对经济条件不同的纳税人区别课税

C. 对经济条件相同的纳税人区别课税

D. 对经济条件不同的纳税人同等课税

60. 下列手段中，属于“松”的财政货币政策措施的是（　　）。

A. 减少政府投资　　B. 减税

C. 压缩信贷支出　　D. 提高法定存款准备金率

二、多项选择题（共 20 题，每题 2 分。每题的备选项中，有 2 个或 2 个以上符合题意，至少有 1 个错项。错选，本题不得分；少选，所选的每个选项得 0.5 分）

61. 一般性货币政策的三大手段有（　　）。

A. 信贷计划　　B. 利率

C. 公开市场业务　　D. 法定存款准备金率

E. 再贴现率

62. 下列属于“应交增值税”明细账内设置内容的有（　　）。

A. 待抵扣进项税额　　B. 增值税留抵税额

C. 简易计税　　D. 进项税额转出

E. 已交税金

63. 下列属于专项扣除的有（　　）。

A. 大病医疗支出　　B. 养老保险

C. 住房公积金　　D. 失业保险

E. 住房利息支出

64. 下列属于财政部对农业农村部门投资范围的有（　　）。

A. 村办企业升级改建　　B. 农村环境的改善

C. 农村教育完善和培训　　D. 以水利为核心的农村基础设施建设

E. 农业科技推广

65. 城镇企业职工基本养老保险的个人缴费是按照缴费工资的一定比例计算的，缴费工资的内容包括（　　）。

A. 工资　　B. 福利费

C. 津贴　　D. 劳动保护费

E. 奖金

66. 纳税人对税务机关的具体行政行为不服的，可以选择申请行政复议或直接行政诉讼的有（　　）。

A. 确认税率

B. 取得完税凭证

C. 代开发票

D. 确认纳税主体

E. 资格认定

67. 下列各项属于财政部门项目支出预算的特征的有（　　）。

A. 完整性

B. 真实性

C. 独立性

D. 公开性

E. 专项性

68. 下列属于财政支出划分原则的有（　　）。

A. 经济利益原则

B. 激励原则

C. 与事权相对称原则

D. 权责结合原则

E. 公平性原则

69. 2022 年居民个人李某发生大病医药费 120 000 元，其中医保报销 16 000 元，其余均为医保目录范围内的个人自付，该项支出在计算个人所得税时可以选择由（　　）进行扣除。

A. 李某本人

B. 李某的子女

C. 李某的父母

D. 李某的姐姐

E. 李某的配偶

70. 下列行为中，不需要缴纳环境保护税的有（　　）。

A. 企业向依法设立的污水集中处理场所排放水污染物

B. 企业在符合国家和地方环境保护标准的场所处置固体废物

C. 生活垃圾集中处理场所超过国家和地方规定的排放标准向环境排放应税污染物

D. 规模化养殖直接向环境排放污染物

E. 畜禽养殖场依法对畜禽养殖废弃物进行综合利用

71. 弥补财政赤字的方式通常有（　　）。

A. 减少货币发行

B. 增加税收

C. 向中央银行借款

D. 发行公债

E. 向国外借款

72. 下列各项中，属于关税纳税人的有（　　）。

A. 入境时随身携带行李的携带人

B. 各种入境运输工具上携带自用物品的持有人

C. 进口个人邮件的收件人

D. 以馈赠方式入境的物品的所有人

E. 经营国外商品的销售方

73. 在预算管理一体化主要内容的描述中，属于全国政府预算管理一体化的有（　　）。

A. 各部门及所属单位依法依规将取得的各类收入纳入部门和单位预算，执行统一的预算管理

B. 统一全国各级财政预算管理规则和管理要素

C. 建立健全上下级预算的衔接机制

D. 实现逐级汇总编制真实完整的全国预算

E. 动态实时反映全国预算资源的分配、拨付、使用情况，并对非财力性转移支付项目跟踪问效

74. 根据《中华人民共和国增值税暂行条例》及其实施细则的规定，下列各项中，免征增值税的有（　　）。

A. 古旧图书

B. 高科技产品

C. 农民销售的自产农产品

D. 企业进口的供残疾职工专用的物品

E. 国际组织无偿援助的设备

75. 关于国有资本经营预算与一般公共预算区别的说法，正确的有（　　）。

A. 一般公共预算的分配主体是作为社会管理者的政府

B. 国有资本经营预算的分配主体是作为生产关系代表的企业

C. 一般公共预算以资本所有权为分配依据

D. 一般公共预算在性质上属于经营性预算

E. 与一般公共预算相比，目前国有资本经营预算的收支规模还很小

76. 当前，一些发展中国家的税制结构大多呈现以货物和劳务税为主体的特点，以货物和劳务税为主体的税制结构模式的优势主要体现在（　　）。

A. 货物和劳务税与价格关系密切

B. 征税对象普遍、税源丰富，对经济扭曲较小

C. 征管相对容易，征收成本较小

D. 税负容易转嫁

E. 有利于税收公平目标的实现

77. 下列各项中，无需缴纳耕地占用税的情形有（　　）。

A. 农村居民经批准搬迁，新建自用住宅占用耕地不超过原宅基地面积的部分

B. 学校占用耕地

C. 公路线路占用耕地

D. 飞机场跑道占用耕地

E. 占用耕地建设农田水利设施的

78. 微观税收负担衡量指标包括（　　）。

A. 国民生产总值负担率

B. 国民收入负担率

C. 企业综合税收负担率

D. 货物和劳务税税收负担率

E. 企业所得税税收负担率

79. 我国社会保障的主要内容包括（　　）。

A. 社会保险

B. 社会救助

C. 社会优抚

D. 社会福利

E. 社会关爱

80. 下列有关税收效率原则的表述中，正确的有（　　）。

A. 税收要有利于社会从可利用的资源中获得最大的利益

B. 税收要有利于经济机制的有效运行

C. 征收制度要简，征收费用要省

D. 税收要最大限度地取得财政收入

E. 税收要有利于社会公平分配

三、案例分析题（共 20 题，每题 2 分，由单选和多选组成。错选，本题不得分；少选，所选的每个选项得 0.5 分）

（一）

小陈在长城公司任职，2022 年部分收入情况如下：

（1）6 月为 B 公司制图取得收入 30 000 元。

（2）8 月将一项外观设计专利给 C 公司使用，取得收入 2 000 元。

已知：小陈父母均已超过了 60 周岁，小陈有一个妹妹，当年小陈发生的符合医保目录范围内的大病医疗支出为 60 000 元，小陈和妻子在婚后贷款买房一套，属于首套住房贷款，正在还款中。

附：个人所得税预扣率表二（居民个人劳务报酬所得预扣预缴适用）

级数	预扣预缴应纳税所得额	预扣率	速算扣除数
1	不超过 20 000 元	20%	0
2	超过 20 000 元至 50 000 元的部分	30%	2 000
3	超过 50 000 元的部分	40%	7 000

根据以上资料，回答下列问题：

81. 小陈父母均由小陈妹妹负责日常照料，下列关于赡养老人支出专项附加扣除的说法，符合税法规定的是（　　）。

A. 小陈与妹妹约定，由小陈全额扣除 2 000 元

B. 小陈和妹妹约定，每人每月均摊扣除 1 000 元

C. 老人指定小陈分摊 1 500 元，其妹妹分摊 500 元

D. 老人指定小陈分摊 500 元，其妹妹分摊 1 500 元

82. 小陈本年度发生的大病医疗支出可选择由（　　）扣除。

A. 子女　　B. 配偶　　C. 父母　　D. 本人

83. 关于住房贷款利息支出专项附加扣除的说法，正确的是（　　）。

A. 小陈每月扣除 1 500 元　　B. 小陈可以扣 30 年

C. 小陈每月扣除 2 000 元　　D. 小陈每月扣除 1 000 元

84. 小陈 6 月份取得的制图收入应预扣预缴个人所得税（　　）元。

A. 6 000　　B. 2 600　　C. 4 800　　D. 5 200

85. 小陈 8 月份将外观设计专利给 C 公司使用取得的收入应预扣预缴个人所得税（　　）元。

A. 240　　B. 200　　C. 400　　D. 320

（二）

某农机生产企业为增值税一般纳税人，2022 年 10 月发生以下业务：

（1）外购原材料，取得普通发票，注明价税合计 50 000 元，原材料已入库；另支付给一般纳税人运输企业运输费用 3 000 元，取得增值税专用发票。

（2）外购农机零配件，取得增值税专用发票，注明价款 140 000 元，本月生产领用价值 90 000元的农机零配件，另支付给小规模纳税人运输企业运输费用，取得开具的增值税专用发票上注明的税额为 150 元。

（3）生产领用 8 月份外购的钢材一批，成本 85 000 元；企业在建食堂领用 9 月份外购的钢材一批，成本 70 000 元，其中含运费成本 2 790 元（当地一般纳税人运输企业提供运输服务，并收到其开具的增值税专用发票）。已抵扣进项税。

（4）销售农用机械一批，取得不含税销售额 430 000 元，另收取包装费 15 000 元。

（5）销售一批农机零部件，取得含税销售额 39 000 元。

（6）提供农机维修业务，开具普通发票，注明价税合计 37 700 元。

企业取得的增值税专用发票均在当月通过认证。

根据以上资料，回答下列问题：

86. 本月该企业的销项税额为（　　）元。

A. 86 046.16　　B. 68 392.33

C. 66 666.67　　D. 48 762.43

87. 本月该企业购进货物准予抵扣进项税额（　　）元。

A. 18 550.00　　B. 24 150.00

C. 18 620.00　　D. 31 624.96

88. 本月该企业进项税转出额为（　　）元。

A. 8 947.30　　B. 9 975.56

C. 8 988.40　　D. 12 110.00

89. 本月该企业应纳增值税（　　）元。

A. 39 130.83　　B. 54 217.89

C. 55 844.93　　D. 55 878.03

90. 若该纳税人采用特殊销售方式销售其产品，下列说法不正确的有（　　）。

A. 自产货物用于折扣销售，价款和折扣额在同一张发票上分别注明的，以折扣后的价款为销售额征税

B. 采取还本销售货物，不得从销售额中减除还本支出

C. 采取以旧换新方式销售货物，以实际收取的不含增值税价款确定销售额

D. 采取以物易物方式销售货物，双方都不得抵扣换进货物的进项税额

（三）

一家天津注册的技术先进型服务企业，2022 年支付合理的工资、薪金总额 300 万元（其中，残疾职工工资 50 万元），实际发生职工教育经费 50 万元。2022 年 6 月，购入计算机 10 台，单价 4 500 元，折旧期 3 年，当月投入使用。另外，企业当年购置节能节水专用设备 800 万元，购置完毕即投入使用。

根据以上资料，回答下列问题：

91. 该企业 2022 年度允许税前扣除的工资、薪金数额为（　　）万元。

A. 250　　B. 300

C. 350　　D. 400

92. 该企业 2022 年度允许税前扣除的职工教育经费为（　　）万元。

A. 7.5　　B. 24.0

C. 26.0　　D. 50.0

93. 该企业 2022 年度允许税前扣除的计算机折旧费为（　　）万元。

A. 0.75　　B. 1.50

C. 4.50　　D. 6.75

94. 根据企业所得税法，企业购置并实际使用节能节水专用设备，可以按设备投资额的一定比例抵免企业当年的应纳所得税额，则该企业至多可以抵免 2022 年的应纳所得税额为（　　）万元。

A. 40　　B. 80

C. 320　　D. 800

95. 根据企业所得税法，税务机关在对企业发生的工资、薪金进行合理性确认时，应该掌握的原则包括（　　）。

A. 企业制定了较为规范的员工工资、薪金制度

B. 企业所制定的工资、薪金制度不一定符合行业水平

C. 企业在一定时期所发放的工资、薪金可以随机调整

D. 有关工资、薪金的安排，不以减少税款为目的

（四）

2022 年，位于 A 市的房地产开发企业现有未出售房产甲、乙、丙 3 套，占地面积共 10 000 平方米。甲房产建于 2019 年年底，原值 4 000 万元（含地价 600 万元），闲置待售；乙房产已完工 3 年，原值 600 万元，1 月初出借给乙公司，乙公司将其作为办公楼使用，合同约定租赁期 1 年，前两个月为免租期，后 10 个月租金共 100 万元；丙房产已经完工 5 年，用于托育服务，设立托儿所，解决职工婴幼儿看护问题，原值 800 万元，市场价年租金 10 万元，占地面积 2 000 平方米。当地规定按房产原值一次扣除 30%后的余值计税；当地规定的城镇土地使用税税额为 5 元/平方米。

根据以上资料，回答下列问题：

96. 该企业就甲房产 2022 年应缴纳房产税（　　）万元。

A. 48.00　　B. 28.56

C. 33.60　　D. 0

97. 该企业就乙房产 2022 年应缴纳房产税（　　）万元。

A. 12.84　　B. 12.00

C. 0.84　　D. 0

98. 该企业就丙房产 2022 年应缴纳房产税（　　）万元。

A. 6.72　　B. 4.80

C. 1.20　　D. 0

99. 关于我国房产税纳税人的说法，错误的是（　　）。

A. 产权出典的，由承典人依照房产余值缴纳房产税

B. 产权属全民所有的，由经营管理单位纳税

C. 产权未确定及租典纠纷未解决的，由房产代管人或者使用人纳税

D. 外商投资企业、外国企业和组织以及外籍个人暂不需要缴纳房产税

100. 该企业应当缴纳的城镇土地使用税为（　　）元。

A. 50 000　　B. 40 000

C. 30 000　　D. 20 000

参考答案及解析

一、单项选择题

1. A【解析】在从严控制专项转移支付、规范专项转移支付分配和使用中：对具有地域管理信息优势的项目，主要采取因素法分配，选取客观因素，确定合理权重，按照科学规范的分配方式进行分配。对用于国家重大工程、跨地区跨流域的投资项目以及外部性强的重点项目，主要采取项目法分配，实施项目库管理。

2. A【解析】乙国抵免限额＝200×50％＝100（万元），在乙国实际纳税＝200×40％＝80（万元），小于抵免限额，允许抵免80万元，在甲国补税100－80＝20（万元）。丙国抵免限额＝300×50％＝150（万元），在丙国实际纳税＝300×60％＝180（万元），大于抵免限额，允许抵免150万元，不需要在甲国补税。在甲国应纳所得税＝100×50％＝50（万元），则甲国应对上述所得征收所得税＝50＋20＝70（万元）。

3. C【解析】硬赤字是指用债务收入弥补收支差额以后仍然存在的赤字；软赤字是指未经债务收入弥补的赤字。

4. C【解析】利润分割法是指将企业与其关联方的合并利润或者亏损在各方之间采用合理标准进行分配的方法。

5. D【解析】直接隐性债务主要是社会保障资金缺口所形成的债务，目前随着我国老龄化社会的形成，养老保险资金的缺口是较为严重的问题。选项A、B为或有隐性债务，选项C为直接显性债务。

6. B【解析】综合所得包括劳务报酬所得，工资、薪金所得，特许权使用费所得，稿酬所得。

7. D【解析】消费性支出是财政用于社会共同消费方面的支出，主要包括文教科学卫生事业费、抚恤和社会福利救济费、行政管理费、国防费等支出。

8. A【解析】企业根据国家有关政策规定，为在本企业任职或者受雇的全体员工支付的补充养老保险费、补充医疗保险费，分别在不超过职工工资总额5％标准内的部分，在计算应纳税所得额时准予扣除；超过的部分，不予扣除。

9. A【解析】平价政策一般适用于从全社会的利益来看，既无须特别鼓励使用，也无须特别加以限制使用的公共物品和公共劳务，如公路、公园、铁路、医疗等。选项B、C，免费和低价提供的公共物品和公共劳务，必须是从全局和社会的利益出发，适用于在全国普遍使用但居民对此尚无完全觉悟的情形，如强制实施义务教育、强制注射一类疫苗等。选项D，高价政策主要适用于从全社会利益来看必须限制使用的公共物品和公共劳务。

10. B【解析】对于市场失灵问题，个人和经济组织是无能为力的，需要以政府为主体的财政介入，用非市场方式解决市场失灵问题。

11. C【解析】纳税信用级别设A、B、C、D四级。A级纳税信用为年度评价指标得分90分以上的；B级纳税信用为年度评价指标得分70分以上不满90分的；C级纳税信用为年度评价指标得分40分以上不满70分的；D级纳税信用为年度评价指标得分不满40分或者直接判级确定的。

12. C【解析】将货物无偿赠送他人，应按所赠货物的售价乘以税率计算的应纳增值税及库存商品的成本之和，借记“营业外支出”科目，按所赠货物的成本，贷记“库存商品”“原材料”科目，按应纳的销项税额，贷记“应交税费——应交增值税（销项税额）”科目。应交增值税＝100 000×13％＝13 000（元）。

13. D【解析】目前我国养老保险筹备模式为社会统筹和个人账户相结合的筹资模式，基本属于现收现付式。

14. C【解析】经中国人民银行、中国银行保险监督管理委员会或者商务部批准从事融资租赁业务的试点纳税人提供融资租赁服务，以取得的全部价款和价外费用扣除支付的借款利息（包括外汇借款和人民币借款利息）、发行债券利息和车辆购置税后的余额为销售额。

15. B【解析】纳税担保范围包括税款、滞纳金和实现税款、滞纳金的费用。费用包括抵押、质押登记费用，质押保管费用，以及保管、拍卖、变卖担保财产等相关费用支出。

16. B【解析】应交消费税＝10 000×（1＋5％）/（1－15％）×15％≈1 852.94（万元）。消费税计提税金的会计账务处理为：

借：税金及附加

　　贷：应交税费——应交消费税

17. B【解析】部门预算原则中的稳妥性原则：部门预算要做到稳妥可靠，量入为出，收支平衡，不得编制赤字预算。收入预算要留有余地。预算要先保证基本工资、离退休费和日常办公经费等基本支出。

18. D【解析】绝大部分国家将外交事务划归中央专门管理，只有部分联邦制国家容许成员保留部分外交权。

19. D【解析】适用税率不同的应税消费品组成成套消费品销售的，应根据成套消费品的销售额或销售数量，按应税消费品中适用最高税率的消费品税率征税。因此，薯类白酒与粮食白酒组成套装的，要按照粮食白酒的规定征收消费税。该酒厂当月应缴纳消费税＝（12 000×5×20％＋12 000×0.5）＋［6 000×300×20％＋6 000×（2＋2）×0.5］＝18 000＋372 000＝390 000（元）。

20. D【解析】选项A，购买性支出对微观经济主体的预算约束是硬性的，转移性支出对微观经济主体的预算约束是软性的。选项B，购买性支出占较大比重的财政支出活动，执行资源配置的职能较强；转移性支出占较大比重的财政支出活动，则执行国民收入分配的职能较强。选项C，转移性支出体现的财政分配活动对政府的效益约束是较弱的。

21. A【解析】最早实行复式预算的国家是丹麦、瑞典，后来英国、法国、印度等国陆续采用。

22. C【解析】在西方财政经济理论界，对于财政支出规模增长现象，许多经济学家做了不同的解释，其中具有代表性的阐述主要有以下几种：瓦格纳的“政府活动扩张法则”、皮科克和怀斯曼的“公共收入增长导致论”、马斯格雷夫和罗斯托的“经济发展阶段论”。

23. C【解析】“成本—效益”分析法的难点在于直接成本与直接效益之外的其他成本与效益的测算。

24. D【解析】王先生在甲公司取得工资、薪金所得，王先生是实际负税人，甲公司是工资、薪金所得的扣缴义务人。王先生在乙公司取得劳务报酬所得，王先生是实际负税人，乙公司属于扣缴义务人。

25. B【解析】卷烟批发企业之间销售卷烟不缴纳消费税，该企业当月应缴纳消费税＝18.6×11%＋24×0.005≈2.17（万元）。

26. B【解析】外部效应是指在市场活动中没有得到补偿的额外成本和没有额外支出的额外收益。当出现正的外部效应时，生产者的成本大于收益，利益外溢，得不到应有的利益补偿，市场竞争就不可能形成理想的效率配置；当出现负的外部效应时，生产者的成本小于收益，受损者得不到损失补偿，同样市场竞争也不可能形成理想的效率配置。

27. B【解析】财政补贴是国家为了实现特定的政治、经济和社会目标，将一部分财政资金无偿补助给企业和居民的一种再分配形式，选项A错误、选项B正确。在这种分配形式中，补贴的主体是国家，补贴的对象是企业和居民，选项D错误。补贴的性质是通过财政资金的无偿补助而进行的一种社会财富的再分配，选项C错误。

28. B【解析】专项附加扣除中的继续教育支出：纳税人在中国境内接受学历（学位）继续教育的支出，在学历（学位）教育期间按照每月400元定额扣除。同一学历（学位）继续教育的扣除期限不能超过48个月。纳税人接受技能人员职业资格继续教育、专业技术人员职业资格继续教育的支出，在取得相关证书的当年，按照3 600元定额扣除。

29. B【解析】政府间转移支付的模式中，支出均衡模式不考虑地区间财政收入能力的差异，只考虑地区间支出需求的差异，主要被一些发展中国家所采用。

30. C【解析】每一纳税年度的收入额减除费用6万元以及专项扣除、专项附加扣除和依法确定的其他扣除后的余额，为应纳税所得额。劳务报酬所得、稿酬所得、特许权使用费所得以收入减除费用后的余额为收入额，其中，稿酬所得的收入额减按70%计税。李先生2022年取得综合所得的个人所得税应纳税所得额＝15－6－4.2＋0.3×（1－20%）＋0.6×（1－20%）×70%＝5.376（万元）。

31. B【解析】私人出资、定期收费补偿成本并适当盈利，或地方主管部门筹资、定期收费补偿成本的典型例子是地方性公路和桥梁等公共设施的建设，如“贷款修路，收费还贷”就是这种方式。

32. B【解析】税收的财政原则是指税收必须为国家筹集充足的财政资金，以满足国家职能活动需要的原则。其内容包括财政收入和税务行政两个方面。选项A，税收的经济原则是税收制度的建立原则之一，即税制的建立应有利于保护国民经济，避免产业妨碍生产的消极作用，进而促进国民经济持续、均衡地发展。选项C，税收的公平原则是指税收负担应公平合理地分配于全体社会成员之间。选项D，税务行政原则是指税收应当简明易懂，征纳简便易行，征收费用最少，便于税务机关提高行政效率。

33. C【解析】盈亏相抵是指准许企业以某一年度的亏损抵消以后年度的盈余，以减少其以后年度的应纳税款；或者冲抵以前年度的盈余，申请退还以前年度已纳的部分税款。就应用范围来看，盈亏相抵办法通常只能适用于所得税方面。

34. B【解析】市场和政府的职能作用是不同的，政府的作用主要是纠正市场失灵，因此，政府必须从不同渠道采取必要和合理的措施对市场进行干预，选项B错误。

35. B【解析】进口货物的完税价格，由海关以该货物的成交价格以及该货物运抵我国境内输入地点起卸前的运输及其相关费用、保险费为基础审查确定。关税完税价格＝35＋5＋1.2＝41.2（万元），应纳进口环节关税＝41.2×10%＝4.12（万元）。

36. A【解析】自 2023 年 1 月 1 日至 2023 年 12 月 31 日，小规模纳税人合计月销售额未超过 10 万元（以 1 个季度为 1 个纳税期的，季度销售额未超过 30 万元）的，免征增值税。本题中，该小规模纳税人月销售额未超过 10 万元，所以应缴纳增值税为 0。

37. A【解析】政府购买服务所需资金列入财政预算，从部门预算经费或经批准的专项资金等既有预算中统筹安排，选项 A 错误。

38. C【解析】其他个人销售自己使用过的物品免征增值税。一般纳税人销售自己使用过的属于规定的不得抵扣且未抵扣进项税额的固定资产，按照简易办法依照 3%征收率减按 2%征收增值税。

39. C【解析】政府预算监督是指在预算全过程中，对有关预算主体依法进行的检查、督促和制约，是政府预算管理的重要组成部分。政府预算监督的最基本表现形式之一是对财政收支的审计。

40. D【解析】城市维护建设税的计税依据是指纳税人实际缴纳的“两税”税额，不包括关税。纳税人违反增值税、消费税有关税法而加收的滞纳金和罚款，不作为城市维护建设税的计税依据。

41. A【解析】个人购买社会福利有奖募捐奖券、体育彩票，一次中奖在 1 万元以下（含 1 万元）的收入，免征个人所得税。

42. A【解析】采用预收货款方式销售产品，发出商品的当天为增值税纳税义务发生时间。甲企业于 7 月发出货物，7 月纳税义务发生，计提增值税销项税额。4 月收到预付款时，会计分录为：

借：银行存款　22 600

　　贷：合同负债　22 600

7 月发出货物时，会计分录为：

借：合同负债　22 600

　　贷：主营业务收入　20 000

　　　　应交税费——应交增值税（销项税额）　2 600

43. B【解析】桥、闸通行费可抵扣进项税额＝桥、闸通行费发票上注明的金额/（1＋5%）×5%＝500/（1＋5%）×5%≈23.81（元）。

44. B【解析】选项 B，应按最高价计算消费税，但不按最高价计算增值税。纳税人自产的应税消费品用于换取生产资料和消费资料，投资入股和抵偿债务等方面，应当将纳税人同类应税消费品的最高销售价格作为消费税计税依据；将自产应税消费品用于偿还债务，增值税销售额的确定办法是：按纳税人最近时期同类货物的平均销售价格确定，或按其他纳税人最近时期同类货物的平均销售价格确定，或按组成计税价格确定。

45. A【解析】国家鼓励的重点集成电路设计企业和软件企业，自获利年度起第一年至第五年免征企业所得税，接续年度减按 10%的税率征收企业所得税。2022 年为获利的第二个年度，免征企业所得税。

46. C【解析】财政部门在汇编中央或地方预算草案时，并不是简单地将各地方或各部门预算中的收支数额进行汇总，而是根据预算汇编的口径和预算管理办法，把同中央或地方预算有缴款、拨款关系的预算数字汇总编制，选项 C 错误。

47. B【解析】生产性服务业纳税人是指提供邮政服务、电信服务、现代服务、生活服务取得的销售额占全部销售额的比重超过50%的纳税人，选项B错误。

48.C【解析】属于共担类专项转移支付的，中央政府和地方政府按各自分担数额安排资金，选项C错误。

49.B【解析】《中华人民共和国车辆购置税法》规定下列车辆免征车辆购置税：①依照法律规定应当予以免税的外国驻华使馆、领事馆和国际组织驻华机构及其有关人员自用的车辆；②中国人民解放军和中国人民武装警察部队列入装备订货计划的车辆；③悬挂应急救援专用号牌的国家综合性消防救援车辆；④设有固定装置的非运输专用作业车辆；⑤城市公交企业购置的公共汽电车辆。购置日期在2023年1月1日至2023年12月31日内的新能源汽车免征车辆购置税。

50.C【解析】纳税人的总机构与分支机构不在同一县（市）的，应当分别向各自机构所在地的主管税务机关申报纳税，经财政部、国家税务总局或者其授权的财政、税务机关批准，可以由总机构汇总向总机构所在地的主管税务机关申报纳税，选项A错误。委托个人加工的应税消费品，由委托方向其机构所在地或者居住地主管税务机关申报纳税，选项B错误。纳税人到外县（市）销售或委托外县（市）代销自产应税消费品的，于应税消费品销售后，向机构所在地或者居住地主管税务机关申报纳税，选项D错误。

51.B【解析】自2020年9月29日起，纳税人无偿转让股票时，转出方以该股票的买入价为卖出价，按照“金融商品转让”计算缴纳增值税，在转入方将上述股票再转让时，以原转出方的卖出价为买入价，按照“金融商品转让”计算缴纳增值税。

52.D【解析】个人转让财产，以股权转让收入减除股权原值和合理费用后的余额为应纳所得额，按“财产转让所得”缴纳个人所得税。

53.D【解析】土地使用权出让、出售，房屋买卖，为土地、房屋权属转移合同确定的成交价格，包括应交付的货币以及实物、其他经济利益对应的价款。应纳税额＝计税依据×税率＝（800＋300）×3%＝33（万元）。

54.D【解析】具体行政行为依法通过公告形式告知受送达人的，自公告规定的期限届满之日起计算，选项D错误。

55.B【解析】纳税人不办理税务登记的，税务机关应当自发现之日起3日内责令其限期改正；逾期不改正的，处2 000元以下的罚款；情节严重的，处2 000元以上10 000元以下的罚款。纳税人通过提供虚假的证明资料等手段，骗取税务登记证的，处2 000元以下的罚款；情节严重的，处2 000元以上10 000元以下的罚款。纳税人涉嫌其他违法行为的，按有关法律、行政法规的规定处理。扣缴义务人未按照规定办理扣缴税款登记的，税务机关应当自发现之日起3日内责令其限期改正，并可处以1 000元以下的罚款。纳税人、扣缴义务人违反规定，拒不接受税务机关处理的，税务机关可以收缴其发票或者停止向其发售发票。

56.C【解析】管理学视角下的政府预算：主要强调政府预算的功能性特征，即预算的控制、管理和计划等功能，选项C正确。

57.D【解析】国库现金管理的操作方式包括商业银行定期存款、买回公债、公债回购和逆回购等。在国库现金管理初期，主要实施商业银行定期存款和买回公债两种操作方式。

58.C【解析】资本—劳动力比率最大化标准是指政府投资应选择使边际人均投资额最大化的投资项目。资本—劳动力比率越高，说明资本技术构成越合理，劳动生产率越高，经济增长越快。因此，这种标准强调政府应投资于资本密集型项目。

59. A【解析】横向公平又称水平公平，即对相同境遇的纳税人课征相同的税收。

60. B【解析】选项A，减少政府投资属于“紧”的财政政策。选项C、D，压缩信贷支出、提高法定存款准备金率属于“紧”的货币政策。

二、多项选择题

61. CDE【解析】一般性政策工具是中央银行运用最多的传统工具，具体包括法定存款准备金率、再贴现率和公开市场业务。

62. DE【解析】增值税一般纳税人应在“应交增值税”明细账内设置“进项税额”“销项税额抵减”“已交税金”“转出未交增值税”“转出多交增值税”“减免税款”“出口抵减内销产品应纳税额”“销项税额”“出口退税”“进项税额转出”等专栏。选项A、B、C都是与“应交增值税”同级的明细科目。

63. BCD【解析】专项扣除包括居民个人按照国家规定的范围和标准缴纳的基本养老保险、基本医疗保险、失业保险等社会保险费和住房公积金等支出。选项A、E属于专项附加扣除。

64. CDE【解析】财政部对农业农村部门投资范围有明确界定：主要投资于以水利为核心的农业基础设施建设、农业科技推广、农村教育和培训等方面。

65. ACE【解析】缴费工资也称缴费工资基数，一般为职工个人上一年度月平均工资（有条件的地区也允许以个人上月工资收入为个人缴费工资基数）。月平均工资按照国家统计局规定列入工资总额统计的项目计算，包括工资、奖金、津贴、补贴等收入，不包括用人单位承担或者支付给员工的社会保险费、劳动保护费、福利费、用人单位与员工解除劳动关系时支付的一次性补偿以及计划生育费用等其他不属于工资的费用。

66. BCE【解析】申请人对复议范围中征税行为以外的其他行政行为不服，可以申请行政复议，也可以直接向人民法院提起行政诉讼。征税行为包括确认纳税主体、征税对象、征税范围、减税、免税、退税、抵扣税款、适用税率、计税依据、纳税环节、纳税期限、纳税地点和税款征收方式等具体行政行为，征收税款、加收滞纳金，扣缴义务人、受税务机关委托的单位和个人作出的代扣代缴、代收代缴、代征行为等。选项B、C、E为征税行为以外的其他行政行为。

67. ACE【解析】项目支出预算具有三个方面的特征：专项性、独立性、完整性。

68. CDE【解析】财政支出划分原则包括与事权相对称原则、公平性原则、权责结合原则。

69. AE【解析】在一个纳税年度内，纳税人发生的与基本医保相关的医药费用支出，扣除医保报销后个人负担（指医保目录范围内的自付部分）累计超过15 000元的部分，由纳税人在办理年度汇算清缴时，在80 000元限额内据实扣除。纳税人发生的医药费用支出可以选择由本人或者其配偶扣除；未成年子女发生的医药费用支出可以选择由其父母一方扣除。

70. ABE【解析】环境保护税是对排污行为征收的一种税，其目的在于通过税收的经济手段，约束企业的排污行为，多污染多征税、少污染少征税。有以下情形的，暂予免征环境保护税：①农业生产（不包括规模化养殖）排放应税污染物的；②机动车、铁路机车、非道路移动机械、船舶和航空器等流动污染源排放应税污染物的；③依法设立的城乡污水集中处理、生活垃圾集中处理场所排放相应应税污染物，不超过国家和地方规定的排放标准的；④纳税人综合利用的固体废物，符合国家和地方环境保护标准的；⑤国务院批准免税的其他情形。

71. BCD【解析】财政赤字可以通过向中央银行透支或借款、增收减支、动用结余、发行公债等方式弥补。

72. ABCD【解析】关税货物的纳税人是经营进口货物的收货人、出口货物的发货人。关税物品的纳税人包括：①入境时随身携带行李、物品的携带人；②各种入境运输工具上携带自用物品的持有人；③馈赠物品以及其他方式入境个人物品的所有人；④进口个人邮件的收件人。

73. BCDE【解析】全国政府预算管理的一体化内容包括：统一全国各级财政预算管理规则和管理要素（选项 B），建立健全上下级预算的衔接机制（选项 C），实现逐级汇总编制真实完整的全国预算（选项 D），动态实时反映全国预算资源的分配、拨付、使用情况，并对非财力性转移支付项目跟踪问效（选项 E），及时掌握各级预算落实党中央、国务院决策部署情况，增强政府宏观调控能力。选项 A 属于各部门预算管理一体化的内容。

74. ACE【解析】根据《中华人民共和国增值税暂行条例》及其实施细则的规定，下列项目免征增值税：①农业生产者销售的自产农产品；②避孕药品和用具；③古旧图书，这是指向社会收购的古书和旧书；④直接用于科学研究、科学实验和教学的进口仪器、设备；⑤外国政府、国际组织无偿援助的进口物资和设备；⑥由残疾人组织直接进口供残疾人专用的物品；⑦销售自己使用过的物品。

75. AE【解析】国有资本经营预算的分配主体是作为生产资料所有者代表的政府，选项 B 错误。国有资本经营预算以资产所有权为分配依据，选项 C 错误。一般公共预算从性质上看是供给型预算，国有资本经营预算属于经营型预算，选项 D 错误。

76. BCD【解析】以货物和劳务税为主体的税制结构模式的优势主要体现在：①征税对象普遍、税源丰富，对经济扭曲较小；②征管相对容易，征收成本较小；③税负容易转嫁。以货物和劳务税为主体的税制结构模式的局限性主要体现在：①货物和劳务税与价格关系密切（选项 A为局限性），一旦提高税率往往就会导致价格上涨，抑制需求，从而使税收减少；②具有一定的累退性，不利于税收公平目标的实现（选项 E 错误）。

77. ABE【解析】铁路线路、公路线路、飞机场跑道、停机坪、港口、航道、水利工程占用耕地，减按每平方米 2 元的税额征收耕地占用税。选项 C、D 属于减征耕地占用税的情形。

78. CDE【解析】衡量微观税收负担的指标包括企业（个人）综合税收负担率、直接税税收负担率、货物和劳务税税收负担率、企业所得税税收负担率、个人所得税税收负担率、企业增值税税收负担率。

79. ABCD【解析】我国社会保障的主要内容包括社会保险、社会救助、社会优抚和社会福利。

80. ABC【解析】税收效率原则的含义是多方面的：①从资源配置方面说，税收要有利于资源的有效配置，使社会从可利用的资源中获得最大的利益；②从经济运行方面讲，税收要有利于经济机制的有效运行，不应对市场的运行发生干扰和扭曲；③从税务行为方面看，征税制度要简便，征税费用要节省。

三、案例分析题

（一）

81. B【解析】纳税人赡养一位及以上被赡养人的赡养支出，统一按照以下标准定额扣除：纳税人为独生子女的，按照每月 2 000 元的标准定额扣除；纳税人为非独生子女的，由其与兄弟姐妹分摊每月 2 000 元的扣除额度，每人分摊的额度不能超过每月 1 000 元，可以由赡养人均摊或者约定分摊，也可以由被赡养人指定分摊。

82. BD【解析】纳税人发生的医药费用支出可以选择由本人或者其配偶扣除；未成年子女发生的医药费用支出可以选择由其父母一方扣除。

83. D【解析】纳税人本人或者配偶单独或者共同使用商业银行或者住房公积金个人住房贷款为本人或者其配偶购买中国境内住房，发生的首套住房贷款利息支出，在实际发生贷款利息的年度，按照每月 1 000 元的标准定额扣除，扣除期限最长不超过 240 个月。纳税人只能享受一次首套住房贷款的利息扣除。

84. D【解析】预扣预缴税款时，劳务报酬所得、稿酬所得、特许权使用费所得每次收入不超过 4 000元的，减除费用按 800 元计算；每次收入 4 000 元以上的，减除费用按收入的 20%计算。应预扣预缴个人所得税＝30 000×（1－20%）×30%－2 000＝5 200（元）。

85. A【解析】预扣预缴税款时，劳务报酬所得、稿酬所得、特许权使用费所得每次收入不超过 4 000 元的，减除费用按 800 元计算；每次收入 4 000 元以上的，减除费用按收入的 20%计算。应预扣预缴个人所得税＝（2 000－800）×20%＝240（元）。

（二）

86. D【解析】业务（4）销项税额＝430 000×9%＋15 000/（1＋9%）×9%≈39 938.53（元），业务（5）销项税额＝39 000/（1＋13%）×13%≈4 486.73（元），业务（6）销项税额＝37 700/（1＋13%）×13%≈4 337.17（元）。该企业销项税额合计＝39 938.53＋4 486.73＋4 337.17＝48 762.43（元）。

87. C【解析】业务（1）进项税额＝3 000×9%＝270（元）。其中，外购原材料取得普通发票不得抵扣进项税。业务（2）进项税额＝140 000×13%＋150＝18 350（元）。该企业购进货物准予抵扣的进项税额＝270＋18 350＝18 620（元）。

88. C【解析】业务（3）外购的用于集体福利不得抵扣进项税，因此进项税转出额＝（70 000－2 790）×13%＋2 790×9%＝8 988.4（元）。

89. A【解析】该企业应纳增值税额＝48 762.43－（18 620－8 988.4）＝39 130.83（元）。

90. CD【解析】纳税人采取以旧换新方式销售货物的，应按照新货物的同期销售价格确定销售额，但金银首饰除外，选项 C 错误。采取以物易物方式销售货物的，双方都应该作购销业务处理，取得增值税专用发票或税务机关代开的增值税专用发票的，可以抵扣换进货物的进项税额，选项 D 错误。

（三）

91. C【解析】根据税法规定，企业安置《中华人民共和国残疾人保障法》规定的残疾人员的，在按照支付给残疾职工工资据实扣除的基础上，可以在计算应纳税所得额时按照支付给残疾职工工资的 100%加计扣除。因此，本题准予税前扣除的工资、薪金＝300＋50×100%＝350（万元）。

92. B【解析】企业发生的职工教育经费支出，不超过工资、薪金总额 8%的部分，准予在计算企业所得税应纳税所得额时扣除；超过部分，准予在以后纳税年度结转扣除。因此，本题中税前准予扣除的职工教育经费＝300×8%＝24（万元）。

93. C【解析】根据税法规定，自 2014 年 1 月 1 日起，对所有行业企业持有的单位价值不超过 5 000元的固定资产，允许一次性计入当期成本费用在计算应纳税所得额时扣除，不再分年度计算折旧。该企业 2022 年 6 月购入计算机 10 台，单价 4 500 元，当月投入使用。因为单价 4 500元小于 5 000 元，所以可以一次性计入当期成本费用。税前准予扣除的计算机折旧＝10×4 500＝45 000（元），即 4.5 万元。

94. B【解析】企业购置并实际使用税法规定的环境保护、节能节水、安全生产等专用设备的，该专用设备的投资额的10%可以从企业当年的应纳税额中抵免；当年不足抵免的，可以在以后5个纳税年度结转抵免。因此，该企业购置并实际使用节能节水专用设备投资额的10%，即800×10%=80（万元），可以在本年的应纳税额中抵免。

95. AD【解析】税务机关在对工资、薪金进行合理性确认时，可以按以下原则掌握：①企业制定了较为规范的员工工资、薪金制度；②企业所制定的工资、薪金制度符合行业及地区水平；③企业在一定时期所发放的工资、薪金是相对固定的，工资、薪金的调整是有序进行的；④企业对实际发放的工资、薪金，已依法履行了代扣代缴个人所得税义务；⑤有关工资、薪金的安排，不以减少或逃避税款为目的。

（四）

96. D【解析】根据税法规定，房地产开发企业开发的商品房在出售前，不征收房产税；但对出售前房地产开发企业已使用或出租、出借的商品房，应按规定征收房产税。因此，甲房产闲置待售不需要缴纳房产税。

97. A【解析】在免租期内，该企业应按1.2%的税率从价计征房产税，应缴纳房产税税额=600×（1−30%）×1.2%/12×2=0.84（万元）。在后10个月，该企业依合同约定收取的租金收入，依照12%的税率缴纳房产税，应缴纳房产税税额=100×12%=12（万元）。该企业就乙房产2022年应缴纳房产税税额=0.84+12=12.84（万元）。

98. D【解析】为社区提供养老、托育等服务的机构用于提供社区养老、托育的自有房产免征房产税，该企业就丙房产2022年免征房产税。

99. D【解析】根据《中华人民共和国房产税暂行条例》和有关文件的规定，外商投资企业、外国企业和组织以及外籍个人也需缴纳房产税，选项D错误。

100. B【解析】托儿所占地免征城镇土地使用税，应当缴纳的城镇土地使用税=（10 000−2 000）×5=40 000（元）。

考生姓名:________

准考证号:________

证件号码:________

2022 年全国经济专业技术资格考试

《财政税收专业知识与实务》(中级)
机考真题汇编

扫码兑换 备考课程

考场规则

一、自考试开始前 30 分钟起，应试人员凭准考证和有效身份证件（须与报考时所使用的身份证件一致）进入本科目考试所指定考场，按座位号入座，并将准考证和有效身份证件放置在座位右上角。

二、本次考试为电子化考试，须在计算机上作答，应试人员参加考试可携带的用品只限于铅笔。

三、每科目开始 5 分钟后，迟到的应试人员一律不得进入考场。各科目考试时长（最长作答时间）为 1.5 小时，经监考人员同意，应试人员可提前 15 分钟交卷、离场。

四、应试人员须按照考试系统提示的要求进行操作，不得擅自对计算机进行冷、热启动，不得关闭电源或作出其他与考试无关的操作。

五、应试人员应按照考试系统的提示登录系统，须认真阅读《考场规则》及《操作指南》，并点击“我已阅读”按钮。考试开始后，考试系统将自动进行计时，应试人员作答时间以考试系统计时器显示的结果为准。

六、应试人员须在考场内保持安静；独立进行作答，不得与其他应试人员交流讨论，不得要求监考人员解释试题；遇到无法登录、系统故障等异常情况时可举手询问，不得自行处置。

七、应试人员应自觉接受工作人员的监督和检查，服从工作人员安排。

八、应试人员交卷后，须确认界面提示“交卷成功”，方可离开考场；若界面提示“交卷失败”，须及时联系监考人员。

九、应试人员不得将相关考试信息以任何方式带出考场，交卷后不得在考场附近逗留、谈论。

十、考试违纪违规行为按照人力资源社会保障部《专业技术人员资格考试违纪违规行为处理规定》处理。

一、单项选择题（共60题，每题1分。每题的备选项中，只有1个最符合题意）

1. 政府组织公共生产的目的不包括（　　）。

A. 提供公共物品　　B. 有效调节市场供求

C. 保持经济稳定　　D. 提高企业的收益

2. 下列不属于我国政府全口径预算体系的是（　　）。

A. 社会保障基金预算　　B. 一般公共预算

C. 政府性基金预算　　D. 国有资本经营预算

3. 扩大水资源税改革试点不包括（　　）。

A. 北京　　B. 天津

C. 河南　　D. 重庆

4. 记录纳税人当月已缴纳的应交增值税额的是（　　）。

A. 已交税金　　B. 销项税额

C. 未交增值税　　D. 预缴

5. 某企业纳税信用评价指标得分为80分，该企业的纳税信用等级为（　　）。

A. A级　　B. B级

C. C级　　D. D级

6. 中央与地方之间税收收入划分形式不包括（　　）。

A. 分割税额　　B. 分割税种

C. 分割税率　　D. 分割税权

7. 下列各项中，应该采取高价政策的是（　　）。

A. 繁华地段的机动车停车费　　B. 义务教育

C. 高等教育　　D. 医疗

8. 减半征收属于（　　）方式。

A. 税额式减免　　B. 税基式减免

C. 违章处理　　D. 罚款

9. 一般公共预算执行中出现超收收入，在冲减财政赤字或化解债务后，用于（　　）。

A. 财政资金　　B. 补充预算

C. 政府债务收入　　D. 转移支出

10. 财政在收入方面发挥“内在稳定器”的政策工具是（　　）。

A. 规范的增值税制　　B. 累进所得税制

C. 增加财政支出　　D. 完善的财产税制

11. 关于财政投融资制度的说法，错误的是（　　）。

A. 财政投融资不同于无偿拨款

B. 财政投融资是一种政策性投融资

C. 财政投融资不用于商业性投融资

D. 财政投融资的资金主要来源于商业银行的贷款

12. 社会救助制度的基本特征是（　　）。

A. 维持家庭成员基本生活水平　　B. 提高福利待遇

C. 安置复员退伍军人　　D. 维持最低生活水平

13. 某企业2021年度销售收入额为1 000万元，投资收益为300万元，实现的利润总额为300万元，缴纳的企业所得税税额为25万元，该企业的企业所得税税收负担率为（　　）。

A. 8.33%　　B. 2.50%

C. 1.92%　　D. 30.00%

14. 下列各项中，不属于视同销售情形的是（　　）。

A. 将购进的货物无偿赠送给他人　　B. 将购进的货物用于职工食堂

C. 将购进的货物分配给股东　　D. 将自产的货物用于职工福利

15. 某企业为增值税一般纳税人。2022年4月从农民手中购入5万元苹果用于生产苹果醋，支付运费，取得增值税专用发票，标注的金额为0.6万元，销售苹果醋取得不含税收入12万元。该企业4月应缴纳的增值税税额为（　　）万元。

A. 1.006　　B. 1.056

C. 0.856　　D. 1.060

16. 关于关税制度的说法，错误的是（　　）。

A. CIF是“成本加运费、保险费”的价格术语的简称，又称“到岸价格”

B. CFR是“到岸价格”的简称

C. 关税税额在人民币50元以下的一票货物免征关税

D. 无商业价值的广告品和货样免征关税

17. 制造业企业在开展研发活动中实际发生的研发费用，未形成无形资产，自2021年1月1日后，在按规定据实扣除的基础上，再按照实际发生额的（　　）在税前加计扣除。

A. 75%　　B. 90%

C. 60%　　D. 100%

18. 李某的工资、薪金总额为20 000元，按照超额累进税率计算的应交个人所得税为2 000元，速算扣除数为600元，按照全额累进税率计算的个人所得税是（　　）元。

A. 2 000　　B. 2 600

C. 600　　D. 20 000

19. 下列各项中，应计算缴纳环境保护税的是（　　）。

A. 依法设立的城乡污水集中处理场所排放符合规定标准的应税水污染物

B. 农业生产非规模化养殖排放应税污染物

C. 机动车等流动污染源排放应税污染物

D. 纳税人排放应税水污染物的浓度值低于国家和地方规定的污染物排放标准的50%

20. 根据税收征收管理法律制度的规定，纳税人对税务机关的下列具体行政行为不服的，应当先向复议机关申请行政复议的是（　　）。

A. 加收滞纳金　　B. 发票管理行为

C. 停止出口退税权　　D. 代开发票

21. 某企业为增值税一般纳税人。2021年7月将自产的商品用于职工福利，已知原材料成本为1 000元，该商品对外不含税售价为2 000元，该企业正确的会计处理为（　　）。

A. 借：应付职工薪酬　　2 260

　　贷：库存商品　　2 260

B. 借：应付职工薪酬　　1 260

贷：库存商品　　1 000

应交税费——应交增值税（销项税额）　　260

C. 借：应付职工薪酬　　2 260

贷：库存商品　　2 000

应交税费——应交增值税（销项税额）　　260

D. 借：管理费用　　1 130

贷：库存商品　　1 000

应交税费——应交增值税（销项税额）　　130

22. 根据《中华人民共和国预算法》的规定，各级政府部门违反本法规定举借债务或者为他人债务提供担保，对负有直接责任的主管人员和其他直接责任人员给予（　　）处分。

A. 撤职、开除　　B. 罚款

C. 降职　　D. 承担刑事责任

23. 在政治经济的非正常时期有利于资金使用效率提高的办法是（　　）。

A. 统收统支　　B. 收入分类分成

C. 总额分成　　D. 定额上缴

24. 多数西方国家按照税种划分的方法，划定中央税和地方税之外还设置了（　　）。

A. 共享税　　B. 个人所得税

C. 企业所得税　　D. 附加税

25. 为了做好宏观调控工作，我国从 2011 年起开始实行（　　）。

A. 积极的财政政策和稳健的货币政策

B. 稳健的财政政策和稳健的货币政策

C. 积极的财政政策和适度宽松的货币政策

D. 适度从紧的财政政策和适度从紧的货币政策

26. 在市场经济条件下，市场在资源配置中起（　　）作用。

A. 决定性　　B. 重要性

C. 主导　　D. 推进性

27. 车船税中船舶的具体税额由（　　）确定。

A. 省、自治区、直辖市人民政府　　B. 国家税务总局

C. 海关总署　　D. 国务院

28. 申请人可在知道税务机关作出具体行政行为之日起（　　）日内提出行政复议申请。

A. 30　　B. 45

C. 60　　D. 90

29. 下列选项中，说法正确的是（　　）。

A. 金融机构开展贴现、转贴现业务，以其实际持有票据期间取得的利息收入作为贷款服务销售额计算缴纳增值税

B. 经纪代理服务，以取得的全部价款和价外费用为销售额计算缴纳增值税

C. 纳税人提供旅游服务，以取得的全部价款和价外费用为销售额计算缴纳增值税

D. 航空运输销售代理企业提供境外航段机票代理服务，以取得的全部价款和价外费用为销售额计算缴纳增值税

30. 某零部件生产企业为增值税一般纳税人。2021 年 4 月销售零部件取得不含税收入 200 万元，当月收取包装物押金 2.16 万元，约定两个月后返还，同时当月逾期未退回的包装物押金为 3 万元。该企业 4 月应缴纳增值税（　　）万元。

A. 26.35　　B. 26.00

C. 26.59　　D. 26.39

31. 2022 年 1 月，某汽车生产企业生产了 10 辆乘用车，其中 7 辆销售给 4S 店，取得不含税价款 1 120 万元；1 辆直接销售给消费者，不含税售价为 180 万元；其余待售。已知该乘用车生产环节消费税税率为 12%。该汽车生产企业当月应缴纳消费税（　　）万元。

A. 268　　B. 286

C. 156　　D. 174

32. 个人取得的下列收入中，应征收个人所得税的是（　　）。

A. 个人取得的保险赔款

B. 企业为职工缴纳的企业年金

C. 个人投保的商业意外保险

D. 个人购买体育彩票取得的中奖收入 8 000 元

33. 下列关于财政内在稳定器作用的说法，错误的是（　　）。

A. 发挥财政的内在稳定器作用，采取比例税制

B. 内在稳定器是指财政收支制度设计具有对经济总量自动调节的功能

C. 内在稳定器调节的最大特点就是无须借助外力就可以直接产生调节的效果

D. 内在稳定器调节主要表现为财政收入和财政支出两方面的制度

34. 国际收支平衡是指（　　）。

A. 经常项目和外汇储备收支合计完全平衡

B. 经常项目和资本项目收支合计大体平衡

C. 经常项目收支合计大体平衡

D. 经常项目和资本项目收支合计完全平衡

35. 下列支出中属于政府刚性较强的支出的是（　　）。

A. 公债利息支出　　B. 经济建设支出

C. 流动资金支出　　D. 基本建设支出

36. 目前我们在衡量财政支出的规模时，主要采用的指标是（　　）。

A. 财政收入占国内生产总值的比重

B. 财政支出占国内生产总值的比重

C. 财政收入占国民收入的比重

D. 财政支出占国民收入的比重

37. 马斯格雷夫提出的经济发展阶段论的观点是（　　）。

A. 政府活动不断扩张导致公共支出不断增长

B. 导致公共收入增长的有内在因素和外在因素

C. 公共支出和公共收入总是同步增长的

D. 公共支出在经济从早期阶段发展到成熟阶段的过程中不断变化

38. 下列选项中不属于行政管理支出的是（　　）。

A. 政府修建行政办公大楼支出　　B. 政府行政管理人员工资

C. 政府各部门日常活动支出　　D. 对外合作交流支出

39. 按照现行统计体系，国家财政性教育经费不包括（　　）。

A. 公共财政预算安排的教育经费

B. 土地出让收益计提的教育基金

C. 校办产业提供的教育经费

D. 国际社会捐赠的教育经费

40. 经济学中的“充分就业”是指（　　）。

A. 全体社会成员都有固定的工作

B. 全体社会成员都有工作

C. 就业人口达到100%

D. 有工作能力且愿意工作的人能够找到工作

41. 下列关于财政补贴的说法，错误的是（　　）。

A. 财政补贴的主体是国家

B. 财政补贴的目的是贯彻一定的政策，满足某种特定的需要，实现特定的政治、经济和社会目标

C. 财政补贴是通过财政资金有偿进行的

D. 财政补贴是一种社会财富再分配

42. 下列财政支出中，属于一般利益支出的是（　　）。

A. 预防性支出　　B. 卫生支出

C. 国防支出　　D. 债务利息支出

43. 关于税收的说法，错误的是（　　）。

A. 税收的职能是由税收的本质决定的

B. 监督职能是税收的首要职能

C. 税收的职能具有客观性

D. 税收可以调节居民消费结构

44. 下列关于税收制度的构成要素的说法，错误的是（　　）。

A. 征税对象规定了每一种税的征税界限，是一种税区别于另一种税的主要标志

B. 征税对象可以从质和量两方面进行划分

C. 税率是税收制度中最活跃、最有力的因素

D. 纳税人就是代扣代缴义务人

45. 某金店为增值税一般纳税人，2019 年 4 月采取以旧换新方式零售金银首饰，向顾客收取差价 20 万元。已知旧款金银首饰回收折价 5 万元。该金店当月增值税销项税额为（　　）万元。

A. 0.58　　B. 1.73

C. 2.30　　D. 2.88

46. 消费税应税消费品生产企业收取的下列款项中，不应计入消费税计税依据的是（　　）。

A. 购买方延期付款支付的利息

B. 随同高档手表销售收取的包装盒费用

C. 销售白酒收取的包装物押金

D. 运输发票开给购买方收回的代垫运费

47. 企业发生的下列经营行为中，应同时缴纳增值税和消费税的是（　　）。

A. 食品加工厂将自产啤酒用于生产熟食制品

B. 百货公司零售金银首饰

C. 连锁超市零售卷烟

D. 4S店销售大型商用客车

48. 下列选项中属于不征税收入的是（　　）。

A. 国债利息收入

B. 依法收取并纳入财政管理的行政事业性收费

C. 地方政府债券利息收入

D. 权益性投资收益

49. 企业应当自清算结束之日起（　　）日内，向主管税务机关报送“中华人民共和国企业清算所得税申报表”及其附表和相关材料，完成清算所得税申报，结清税款。

A. 10

B. 15

C. 30

D. 60

50. 交换价值相等的房屋，契税的处理是（　　）。

A. 正常征收

B. 减半征收

C. 免征

D. 减按30%征收

51. 某具有出口经营权的电器生产企业（增值税一般纳税人）自营出口自产货物，2022年7月末未退税前计算出的期末留抵税额为15万元，当期免抵退税额为13万元，当期免抵税额为（　　）万元。

A. 0

B. 3

C. 6

D. 13

52. 在检查某企业时，发现企业上年度将一笔营业外收入记入“资本公积”科目，已进行年度决算，该企业应调整的会计科目是（　　）。

A. “本年利润”

B. “以前年度损益调整”

C. “净利润”

D. “利润分配”

53. 某服装厂系增值税一般纳税人，2019年5月1日采取分期收款方式销售一批服装，服装已经交付，合同约定货款分别于2020年5月1日、2021年5月1日两次等额支付。2019年5月1日该企业账务处理正确的是（　　）。

A. 借：长期应收款

　　贷：主营业务收入

　　　　未实现融资收益

　　　　应交税费——待转销项税额

B. 借：长期应收款

　　贷：主营业务收入

　　　　未确认融资费用

　　　　应交税费——应交增值税（销项税额）

C. 借：应收账款

贷：主营业务收入

未实现融资收益

应交税费——应交增值税（销项税额）

D. 借：长期应收款

贷：未确认融资费用

应交税费——应交增值税（销项税额）

54. 下列关于我国现行地方债管理制度的说法，错误的是（　　）。

A. 在特定情况下，允许地方政府发行债券

B. 地方政府举借的债务只能用于公益性资本支出

C. 地方政府举借的债务只能用于经常性支出

D. 地方政府举借债务的规模由国务院报全国人民代表大会或者全国人民代表大会常务委员会批准

55. 各国十分关注直接显性债务的原因不包括（　　）。

A. 直接显性债务主要是公债，是遵循严格的法律程序行事，即通过国家预算加以安排

B. 直接显性债务受立法机构的审批和监督，具有明确的刚性、透明性和法制性特征

C. 直接显性债务的规模决定直接隐性债务的规模

D. 对到期的直接显性债务，政府必须履行还本付息的义务，否则政府诚信将受损

56. 下列关于预算决策依据的特征及决策程序的法定性含义的说法，错误的是（　　）。

A. 预算决策依据与预测结论的不确定性需要法定决策程序保证

B. 预算方案编制、审议的通过和调整必须遵循法定的程序

C. 预算决策的依据需要遵循按照法定程序作出相关解释

D. 预算决策所依据的法规、标准和原则需要依据法定程序制定

57. 从广义上说，税收分成属于（　　）。

A. 纵向转移支付　　B. 横向转移支付

C. 混合转移支付　　D. 均等化转移支付

58. 下列选项中属于自动稳定的财政政策的是（　　）。

A. 财政转移支付制度　　B. 紧缩性财政政策

C. 扩张性财政政策　　D. 中性财政政策

59. 财政政策的（　　）是指财政政策在发挥作用的过程中，各政策工具通过某种媒介体相互作用形成的一个有机联系的整体。

A. 传导机制　　B. 效应

C. 工具　　D. 目标

60. 下列货币政策工具中属于间接信用指导工具的是（　　）。

A. 消费者信用控制　　B. 中央银行窗口指导

C. 不动产信用控制　　D. 法定存款准备金率

二、多项选择题（共20题，每题2分。每题的备选项中，有2个或2个以上符合题意，至少有1个错项。错选，本题不得分；少选，所选的每个选项得0.5分）

61. 现代财政税收原则包括（　　）。

A. 充裕原则　　B. 弹性原则

C. 便利原则　　D. 节约原则

E. 配置原则

62. 下列各项中，属于我国政府直接显性债务的有（　　）。

A. 养老保险资金不足　　B. 乡镇财政债务

C. 欠发职工工资而形成的债务　　D. 金融机构不良资产

E. 国有企业弥补亏损

63. 影响财政支出规模的宏观因素的社会性因素主要包括（　　）。

A. 人口　　B. 就业

C. 医疗卫生　　D. 劳动

E. 投资建设

64. 社会优抚的主要内容包括（　　）。

A. 提供抚恤金　　B. 提供优待金

C. 安置退役军人　　D. 提供福利设施

E. 提供福利待遇

65. 弥补财政赤字的方式通常有（　　）。

A. 减少货币发行　　B. 增税

C. 向中央银行借款　　D. 发行国债

E. 向国外借款

66. 通过调整国家预算收支之间的关系，起到调节社会供求总量平衡作用的手段包括（　　）。

A. 当社会总需求大于社会总供给时，可以通过实行国家预算收入大于支出的结余政策进行调节

B. 当社会总需求大于社会总供给时，可以通过实行国家预算收入大于支出的赤字政策进行调节

C. 当社会总供给大于社会总需求时，可以通过实行国家预算支出大于收入的赤字政策进行调节

D. 当社会总供给大于社会总需求时，可以通过实行国家预算支出大于收入的结余政策进行调节

E. 当社会供求总量平衡时，国家预算应通过实行收支平衡的中性政策与之相对应

67. 下列各项中，不属于部门预算原则的有（　　）。

A. 合理性原则　　B. 公平性原则

C. 绩效性原则　　D. 完整性原则

E. 重点性原则

68. 下列关于财政收入分配职能的说法，正确的有（　　）。

A. 我国财政收支活动参与国民收入的初次分配

B. 我国财政收支活动参与国民收入的再分配

C. 收入分配的核心问题是公平分配

D. 财政收入分配职能是指政府在进行财政分配活动的过程中，为了实现经济公平，而对市场经济形成的收入分配结构进行调整的职能

E. 财政分配职能主要是通过调节经济主体的利润水平和居民个人的收入水平来具体实现的

69. 下列选项中，属于不得从销项税额中抵扣的进项税额的有（　　）。

A. 用于简易计税方法计税项目、免征增值税项目、集体福利或者个人消费的购进货物、劳务、服务、无形资产、不动产

B. 非正常损失的购进货物

C. 非正常损失的在产品、产成品所耗用的购进货物（不包括固定资产）、加工修理修配劳务和交通运输服务

D. 非正常损失的不动产，以及该不动产所耗用的购进货物、设计服务和建筑服务

E. 无偿赠送给客户的购进货物

70. 下列属于增值税进项税额抵扣凭证的有（　　）。

A. 增值税普通发票　　B. 海关增值税专用缴款书

C. 农产品收购发票　　D. 机动车销售统一发票

E. 增值税专用发票

71. 在计算企业所得税时，不得计算折旧扣除的固定资产有（　　）。

A. 房屋、建筑物以外未投入使用的固定资产

B. 以经营租赁方式租入的固定资产

C. 以融资租赁方式租出的固定资产

D. 与经营活动有关的固定资产

E. 单独估价作为固定资产入账的土地

72. 下列关于城市维护建设税和教育费附加的说法，正确的有（　　）。

A. 城市维护建设税的纳税人和教育费附加的缴纳人是增值税和消费税的纳税人

B. 海关对进口产品代征的增值税、消费税，不征收城市维护建设税和教育费附加

C. 城市维护建设税和教育费附加的征收依据包括纳税人违反增值税法律制度缴纳的罚款

D. 城市维护建设税和教育费附加的计征范围和增值税、消费税一致

E. 对出口产品退还代征的增值税、消费税的，不退还已征的城市维护建设税和教育费附加

73. 纳税担保的范围包括（　　）。

A. 税款　　B. 滞纳金

C. 质押登记费　　D. 拍卖费用

E. 罚款

74. 不影响信用评价的情形有（　　）。

A. 由税务机关原因造成纳税人未能及时履行纳税义务的

B. 纳税人生产经营期不足2年的

C. 由不可抗力造成纳税人未能及时履行纳税义务的

D. 非主观故意的计算公式运用错误造成少缴税款的

E. 明显的笔误造成少缴税款的

75. 下列各项中，属于选择性政策工具的有（　　）。

A. 不动产信用控制　　B. 优惠利率

C. 预缴进口保证金　　D. 消费者信用控制

E. 法定存款准备金率

76. 公共物品所具有的特征中，占据核心地位的有（　　）。

A. 外部效应
B. 取得方式的非竞争性
C. 提供目的的非营利性
D. 受益的非排他性
E. 效用的不可分割性

77. 下列关于部门预算含义的说法，正确的有（　　）。

A. 是总预算的基础，由各预算部门编制
B. 以部门作为预算编制的基础单元，财政预算从部门编起，从基层单位编起
C. 是国家财政的物质基础
D. 部门本身要有严格的资质要求，限定那些与财政直接发生经费领拨关系的一级预算单位为预算部门
E. 财政预算要落实到每一个具体部门，预算管理以部门为依托

78. 下列选项中，属于政府预算绩效管理前提的有（　　）。

A. 建立绩效预算管理的制度和组织保障
B. 强化部门管理者的责任
C. 构建绩效评价框架体系
D. 赋予部门管理者充分的自主权
E. 以收付实现制计量政府成本

79. 下列关于发行公债引发的排挤效应的说法，正确的有（　　）。

A. 政府通过提高公债利率来吸引企业认购公债进而减少投资是一种直接的排挤效应
B. 政府通过提高公债利率来吸引个人认购公债进而减少消费是一种间接的排挤效应
C. 政府发债，增加了货币需求，在货币供给一定的条件下，导致利率上升，从而减少企业的投资，是一种间接的排挤效应
D. 政府发债，增加了货币需求，在货币供给一定的条件下，导致利率上升，从而减少个人的消费，是一种直接的排挤效应
E. 政府通过行政摊派将公债分配给企业和个人认购，从而减少企业的投资和个人的消费，是一种间接的排挤效应

80. 在纳税信用管理中，纳税信用信息主要包括（　　）。

A. 纳税人未来纳税信息
B. 纳税人信用历史信息
C. 税务内部信息
D. 税务外部信息
E. 直接判级

三、案例分析题（共 20 题，每题 2 分，由单选和多选组成。错选，本题不得分；少选，所选的每个选项得 0.5 分）

（一）

甲企业是一家摩托车生产企业，为增值税一般纳税人。生产 A 型（气缸容量300 毫升）、B 型（气缸容量 200 毫升）两款两轮摩托车。2021 年 1 月初没有留抵税额。2021 年 1 月，该企业往来业务如下：

（1）甲企业自行申报进口一批摩托车零件，支付给国外的买价 120 万元、包装费2 万元，支付到达我国海关以前的装卸费、运输费、保险费 8 万元，支付购货佣金3 万元，由甲企业向海关缴纳税金后，海关开具增值税专用缴款书并放行。

（2）甲企业当月月初采用赊销方式销售自产A型摩托车200辆，合同约定当月月末由购买方支付价税合计金额113万元，由于购买方资金紧张，仅支付了80万元。当月，甲企业将5辆A型摩托车赠送协作单位。

（3）甲企业当月销售自产B型摩托车600辆，取得不含税收入120万元；支付运输公司当月运费，取得一般纳税人开具的增值税专用发票列明金额6万元。

（4）甲企业将位于县城的一座2019年购进的仓库出租，预收了2年的租金48万元（不含增值税）。

其他相关资料：①甲企业进口零件的关税税率为6%；②应税摩托车适用10%的消费税税率。

根据以上资料，回答下列问题：

81. 甲企业进口摩托车零件应向海关缴纳的税费总额为（　　）万元。

A. 7.800　　B. 17.914

C. 25.714　　D. 30.000

82. 甲企业业务（2）和业务（3）当月的增值税销项税额为（　　）万元。

A. 25.030　　B. 28.925

C. 15.600　　D. 20.000

83. 甲企业业务（2）和业务（3）当月应缴纳的消费税税额为（　　）万元。

A. 15.25　　B. 12.00

C. 22.25　　D. 10.25

84. 甲企业业务（4）在县城预缴的增值税税额为（　　）万元。

A. 2.40　　B. 1.44

C. 4.32　　D. 6.24

85. 甲企业位于县城的仓库适用的城市维护建设税税率为（　　）。

A. 5%　　B. 7%

C. 1%　　D. 3%

（二）

某医药制造企业，2021年的销售收入为3 000万元，利润总额为200万元，部分账务处理如下：

（1）管理费用支出为2 000万元，其中广告费为950万元。

（2）向非金融企业借款500万元，支付的利息为40万元（金融企业同期同类贷款利率为5.8%），全部列入财务费用。

（3）通过中国红十字会向某贫困地区捐款20万元，赞助支出10万元；税收罚款支出5万元，税收滞纳金1万元。

（4）企业当年购置安全生产专用设备50万元，购置完毕即投入使用。

假设该企业所得税税率为25%，不考虑其他因素。

根据以上资料，回答下列问题：

86. 可以在税前扣除的广告费为（　　）万元。

A. 450　　B. 900

C. 60　　D. 90

87. 《中华人民共和国企业所得税法》规定，企业购置并实际使用安全生产专用设备的，可以按设备投资额的一定比例抵免企业当年的应纳所得税额，则该企业至多可以抵免2021年的应纳所得税额为（　　）万元。

A. 5　　B. 50

C. 10　　D. 15

88. 可以在企业所得税税前扣除的借款利息为（　　）万元。

A. 40　　B. 29

C. 100　　D. 50

89. 可以在税前扣除的公益性支出为（　　）万元。

A. 24　　B. 40

C. 30　　D. 20

90. 下列项目中，不可以在税前扣除的是（　　）。

A. 赞助支出　　B. 滞纳金

C. 罚款　　D. 手续费

（三）

甲将原值28万元的房产评估作价30万元投资乙企业，乙企业办理产权登记后将该房产赠送给丙使用。甲购买了一套价值50万元的房产，分期付款20年，将此房屋作股权投资到本人独资经营的企业。甲继承了一套价值30万元的房产，市价35万元，过户给儿子作为婚房。上述房产价值均不含增值税，契税税率为3%。

根据以上资料，回答下列问题：

91. 甲应缴纳契税（　　）万元。

A. 3.45　　B. 2.40

C. 2.55　　D. 1.50

92. 甲的儿子将房产变为和妻子共有，需要缴纳契税（　　）万元。

A. 0　　B. 0.50

C. 1.05　　D. 0.90

93. 乙应缴纳契税（　　）元。

A. 0　　B. 0.84

C. 0.90　　D. 0.50

94. 丙应缴纳契税（　　）万元。

A. 0　　B. 0.90

C. 0.50　　D. 0.84

95. 甲的儿子应缴纳契税（　　）万元。

A. 0　　B. 0.90

C. 1.05　　D. 1.09

（四）

某饮料生产企业甲（属于制造企业，以下简称“甲企业”）为增值税一般纳税人。2021年度实现营业收入80 000万元，自行核算的2021年度会计利润为5 600万元，2022年5月经审核，发现如下事项：

（1）境内自行研发发生研发费用 450 万元，委托境内某企业进行研发，支付研发费 300 万元。研发支出未形成无形资产。

（2）投资收益中直接投资非上市居民企业分回的股息 200 万元。

（3）成本费用中实际发放员工工资 15 000 万元（含支付临时工工资 200 万元、季节工工资 300 万元）；另根据合同约定支付给劳务派遣公司 2 000 万元，由其发放派遣人员工资。

（4）成本费用中含职工福利费 2 355 万元。

（5）营业外支出共计 150 万元，其中合同违约金 40 万元，税收滞纳金 5 万元，被生态环境主管部门罚款 3 万元，非广告性质的赞助支出 18 万元。

根据以上资料，回答下列问题：

96. 研发支出应调减应纳税所得额（　　）万元。

A. 750.0　　B. 690.0

C. 562.5　　D. 517.5

97. 营业外支出应调增应纳税所得额（　　）万元。

A. 5　　B. 8

C. 21　　D. 26

98. 工资及职工福利费应调增应纳税所得额（　　）万元。

A. 0　　B. 255

C. 325　　D. 535

99. 投资收益应调减应纳税所得额（　　）万元。

A. 0　　B. 50

C. 200　　D. 250

100. 甲企业 2021 年应缴纳企业所得税（　　）万元。

A. 1 400.00　　B. 1 290.88

C. 1 184.00　　D. 1 247.75

参考答案及解析

一、单项选择题

1. D【解析】政府组织公共生产，不仅出于提供公共物品的目的，而且出于有效调节市场供求和保持经济稳定的目的。

2. A【解析】全口径预算体系包括一般公共预算、政府性基金预算、国有资本经营预算、社会保险基金预算。

3. D【解析】自 2017 年 12 月 1 日起，在北京、天津、山西、内蒙古、山东、河南、四川、陕西、宁夏 9 个省（自治区、直辖市）扩大水资源税改革试点，实行从量计征。

4. A【解析】“已交税金”专栏，记录纳税人当月已缴纳的应交增值税额。

5. B【解析】纳税信用级别设 A、B、C、D 四级。A 级纳税信用为年度评价指标得分 90 分以上的；B 级纳税信用为年度评价指标得分 70 分以上不满 90 分的；C 级纳税信用为年度评价指标得分 40 分以上不满 70 分的；D 级纳税信用为年度评价指标得分不满 40 分或者直接判级确定的。

6. D【解析】税收收入划分的方式主要包括分割税额、分割税率、分割税种、分割税制和混合型五种类型。

7. A【解析】高价政策主要适用于从全社会利益来看必须限制使用的公共物品和公共劳务，如繁华地段的机动车停车费。

8. A【解析】税额式减免是通过直接减少应纳税额的方式实现的减税免税，具体包括全部免征、减半征收、核定减免率以及另定减征税额等。

9. B【解析】财政部门将一般公共预算的超收收入（除用于冲减赤字外）、结余资金，用于补充预算稳定调节基金。

10. B【解析】内在稳定器调节主要表现在：①在财政收入方面，主要是实行累进所得税制；②在财政支出方面，主要体现在转移性支出（社会保障支出、财政补贴支出和税收支出等）的安排上。

11. D【解析】财政投融资通过国家信用方式筹资，是一种政策性投融资，不同于无偿拨款，也不同于商业性投融资。财政投融资是一种政府投入资本金的政策性投融资，选项 D 错误。

12. D【解析】维持最低水平的基本生活是社会救助制度的基本特征。

13. A【解析】企业所得税税收负担率＝企业在一定时期实际缴纳的所得税税额/同期实现利润总额×100%＝25/300×100%≈8.33%。

14. B【解析】将自产或委托加工的货物用于非应税项目、集体福利或个人消费、投资、分配、无偿赠送视同销售；将购买的货物用于投资、分配、无偿赠送（向外部移送）视同销售。选项 A、C、D 属于视同销售的情形。

15. A【解析】购入农产品用于生产 13%税率的货物，其进项税额可以按 10%计算扣除。进项税额＝5×10％＋0.6×9％＝0.554（万元），该企业4月应缴纳的增值税税额＝12×13％－0.554＝1.006（万元）。

16. B【解析】CFR是"成本加运费"的价格术语的简称，又称"离岸加运费价格"，选项B错误。

17. D【解析】自2018年1月1日至2023年12月31日，企业开展研发活动中实际发生的研发费用，未形成无形资产计入当期损益，在按规定据实扣除的基础上，按照实际发生额的75％（2021年1月1日后，制造业为100％；2022年1月1日后，科技型中小企业为100％）在税前加计扣除。

18. B【解析】按照全额累进税率计算的个人所得税＝按照超额累进税率计算的个人所得税＋速算扣除数＝2 000＋600＝2 600（元）。

19. D【解析】纳税人排放应税大气污染物或者水污染物的浓度值低于国家和地方规定的污染物排放标准50％的，减按50％征收环境保护税。

20. A【解析】申请人对复议范围中征税行为不服的，应当先向行政复议机关申请行政复议；申请人对行政复议决定不服的，可以向人民法院提起行政诉讼。选项A属于复议范围中征税行为。

21. B【解析】企业将自产、委托加工的货物、服务、无形资产、不动产用于简易计税项目、集体福利、职工个人消费等方面要视同销售计算缴纳增值税。应纳增值税销项税额＝2 000×13％＝260（元）。正确的账务处理为：

借：应付职工薪酬　　1 260

　贷：库存商品　　1 000

　　应交税费——应交增值税（销项税额）　　260

22. A【解析】《中华人民共和国预算法》规定，各级政府、各部门、各单位违反本法规定举借债务或者为他人债务提供担保，负有直接责任的主管人员和其他直接责任人员给予撤职、开除的处分。

23. A【解析】统收统支在政治经济的非正常时期有利于资金使用效率的提高，但因为财权、财力高度集中，所以不利于调动地方的积极性。

24. A【解析】多数西方国家都实行按照税种划分的办法。按税种划分还有完全形式和不完全形式的区别。其中，不完全形式是指除划定中央税和地方税之外还设置共享税。

25. A【解析】我国从2011年起开始实行积极的财政政策和稳健的货币政策。（该知识点在新教材中修改为：党的十八大以来，我国连续实施积极的财政政策和稳健的货币政策，适时适度预调微调）

26. A【解析】在市场经济条件下，市场在资源配置中起决定性作用。

27. D【解析】船舶的具体适用税额由国务院在"车船税税目税额表"规定的税额幅度内确定。

28. C【解析】申请人可在知道税务机关作出具体行政行为之日起60日内提出行政复议申请。

29. A【解析】经纪代理服务，以取得的全部价款和价外费用，扣除向委托方收取并代为支付的政府性基金或者行政事业性收费后的余额为销售额计算缴纳增值税，选项B错误。纳税人提供旅游服务，以取得的全部价款和价外费用，扣除向旅游服务购买方收取并支付给其他单位或者个人的住宿费、餐饮费、交通费、签证费、门票费和支付给其他接团旅游企业的旅游费用后的余额为销售额计算缴纳增值税，选项C错误。航空运输销售代理企业提供境外航段机票代理服务，以取得的全部价款和价外费用，扣除向客户收取并支付给其他单位或者个人的境外航段机票结算款和相关费用后的余额为销售额计算缴纳增值税，选项D错误。

30. A【解析】纳税人为销售货物而出租出借包装物收取的押金，单独记账核算的，不并入销售额征税。但对因逾期未收回包装物不再退还的押金，应按所包装货物的适用税率征收增值税。该企业4月应缴纳增值税＝200×13%＋3/（1＋13%）×13%≈26.35（万元）。

31. D【解析】自2016年12月1日起，对超豪华小汽车，在生产（进口）环节按现行税率征收消费税基础上，在零售环节加征消费税，税率为10%。国内汽车生产企业直接销售给消费者的超豪华小汽车，消费税税率按照生产环节税率和零售环节税率加总计算，超豪华小汽车征收范围为每辆零售价格130万元（不含增值税）及以上的乘用车和中轻型商用客车。该企业应缴纳消费税＝1 120×12%＋180×（12%＋10%）＝174（万元）。

32. C【解析】个人缴付符合国家规定的企业年金、职业年金，个人购买符合国家规定的商业健康保险、税收递延型商业养老保险的支出，以及国务院规定可以扣除的其他项目，可以在计算个人所得税应纳税所得额时扣除。保险赔款和不超过1万元的彩票中奖收入免征个人所得税。

33. A【解析】内在稳定器调节主要表现为财政收入和财政支出两方面的制度。在财政收入方面，主要是实行累进所得税制；在财政支出方面，主要体现在转移性支出（社会保障支出、财政补贴支出、税收支出等）的安排上。选项A错误。

34. B【解析】国际收支平衡是指一国在进行国际经济交往时，其经常项目和资本项目的收支合计大体保持平衡。

35. A【解析】不可控制性支出可解释为根据现行法律、法规所必须进行的支出，也就是说，在法律和法规的有效期内，必须按照规定准时如数支付，不得随意停付或逾期支付，也不得任意削减其数额，即表现出刚性很强的支出。这类财政支出一般包括两类：一类是国家法律、法规已经明确规定的个人享受的最低收入保障和社会保障，如失业救济、养老金、职工生活补贴等；另一类是政府遗留义务和以前年度设置的固定支出项目，如债务利息支出、对地方政府的补贴等。

36. B【解析】在衡量财政支出的规模时，用财政支出占国内生产总值的比重来衡量。

37. D【解析】选项A属于瓦格纳提出的政府活动扩张法则的观点。选项B、C属于皮科克和怀斯曼提出的公共收入增长导致论的观点。

38. A【解析】广义的行政管理支出涉及现行《政府收支分类科目》中的以一般公共服务为主的三类科目：一是一般公共服务，包括人民代表大会、政协、党派团体、政府各部门等；二是公共安全，包括武装警察、公安、检察、司法等；三是外交，包括外交管理事务、驻外机构、对外援助对外合作交流等。为了满足这类公共需要，必然形成项目众多而且数量可观的财政支出。按费用要素区分，行政管理支出包括人员经费和公用经费两大类。人员经费主要包括工资、福利费、离退休人员费用及其他。公用经费包括公务费、修缮费、设备购置费和业务费等。

39. D【解析】按现行统计体系，国家财政性教育经费包括三部分：一是公共财政预算安排的教育经费，是国家财政性教育经费的主体；二是政府性基金预算安排的教育经费，包括地方教育附加和土地出让收益计提的教育基金；三是企业办学、校办产业等其他财政性教育经费。

40. D【解析】经济学中的“充分就业”是指有工作能力且愿意工作的人能够找到工作。

41. C【解析】财政补贴是国家为了实现特定的政治、经济和社会目标，将一部分财政资金无偿补助给企业和居民的一种再分配形式，选项C错误。

42. C【解析】按照财政支出的受益范围，财政支出可分为一般利益支出和特殊利益支出。其中，一般利益支出包括国防支出、行政管理费支出等。

43. B【解析】财政职能是税收首要和基本的职能，选项B错误。

44. D【解析】纳税人也称纳税义务人或纳税主体，是指税法上规定直接负有纳税义务的单位和个人，它规定了税款的直接承担者。代扣代缴义务人，是指按照税法的规定负有代扣代缴义务的单位和个人。因此纳税人不是代扣代缴义务人，选项D错误。

45. C【解析】纳税人采取以旧换新方式销售货物，按新货物的同期销售价格确定销售额，不得扣减旧货收购价格（金银首饰以旧换新除外，应以销售方实际收取的不含增值税价款征收增值税）。该金店当月增值税销项税额＝20/（1＋13%）×13%≈2.30（万元）。

46. D【解析】实行从价定率计征办法征税的应税消费品，计税依据为应税消费品的销售额。应税消费品的销售额包括销售应税消费品从购买方收取的全部价款和价外费用。价外费用，包括价外向购买方收取的手续费、补贴、基金、集资费、返还利润、奖励费、违约金、滞纳金、延期付款利息、赔偿金、代收款项、代垫款项、包装费、包装物租金、储备费、优质费、运输装卸费以及其他各种性质的价外收费，但下列项目不包括在内：一是受托加工应征消费税的消费品所代收代缴的消费税。二是同时符合以下条件的代垫运输费用：①承运部门的运输费用发票开具给购买方的（选项D不属于消费税计税依据）；②纳税人将该项发票转交给购买方的。三是同时符合以下条件代为收取的政府性基金或者行政事业性收费：①由国务院或者财政部批准设立的政府性基金，由国务院或者省级人民政府及其财政、价格主管部门批准设立的行政事业性收费；②收取时开具省级以上财政部门印制的财政票据；③所收款项全额上缴财政。四是销售货物的同时代办保险等而向购买方收取的保险费，以及向购买方收取的代购买方缴纳的车辆购置税、车辆牌照费。

47. B【解析】选项A，自产应税消费品用于生产非应税消费品，移送环节缴纳消费税，但不缴纳增值税。选项C，卷烟的消费税在生产（进口）和批发环节征收，零售不属于消费税的纳税环节，只用缴纳增值税。选项D，大型商用客车不属于消费税应税消费品，只缴纳增值税。

48. B【解析】不征税收入包括财政拨款、依法收取并纳入财政管理的行政事业性收费、依法收取并纳入财政管理的政府性基金、国务院规定的专项用途财政性资金。选项A、C、D属于免税收入。

49. B【解析】企业应当自清算结束之日起15日内，向主管税务机关报送“中华人民共和国企业清算所得税申报表”及其附表和相关材料，完成清算所得税申报，结清税款。

50. C【解析】房屋所有权相互交换，双方交换价值相等，免纳契税，办理免征契税手续。

51. A【解析】免、抵、退形式主要适用于具有出口经营权的生产企业自营出口或委托出口的自产货物。当期期末留抵税额大于当期免抵退税额时，则当期应退税额＝当期免抵退税额，当期免抵税额＝0。

52. B【解析】对于影响本年度的所得可以直接调整“本年利润”账户，而对于影响上年度的所得可以直接调整“以前年度损益调整”账户。

53. A【解析】企业销售商品，采取分期收款的结算方式，如分期收款发出商品，即商品已经交付，货款分期收回。延期收取的货款具有融资性质，其实质是企业向购货方提供免息的信贷，企业应按照应收的合同或协议价款的公允价值确定收入金额。应收的合同或协议价款的公允价值，通常应当按照其未来现金流量现值或者商品现销价格计算确定。正确的账务处理为：

（1）交付商品时：

借：长期应收款

　　贷：主营业务收入

　　　　未实现融资收益

　　　　应交税费——待转销项税额

借：主营业务成本

　　贷：库存商品

（2）按合同约定收到货款时：

借：银行存款

　　贷：长期应收款

借：未实现融资收益

　　贷：财务费用

借：应交税费——待转销项税额

　　贷：应交税费——应交增值税（销项税额）

54. C【解析】举借的债务应当有偿还计划和稳定的偿还资金来源，只能用于公益性资本支出，不得用于经常性支出，选项 C 错误。

55. C【解析】从实践来看，各国政府都十分关注直接显性债务，而往往忽视直接隐性债务和或有债务。因为直接显性债务主要是公债，是遵循严格的法律程序行事，即通过国家预算加以安排（选项 A 正确），受立法机构的审批和监督，具有明确的刚性、透明性和法制性特征（选项 B 正确）。对到期的直接显性债务，政府必须履行还本付息的义务，否则政府诚信将受损（选项 D 正确）。

56. B【解析】预算决策依据的特征及决策程序的法定性有三层含义：①预算决策依据与预测结论的不确定性需要法定决策程序保证；②预算决策所依据的法规、标准和原则需要依据法定程序制定；③预算决策的依据需要遵循按照法定程序作出相关解释。

57. A【解析】从广义上说，共享税或税收分成也属于纵向转移支付，选项 A 正确。

58. A【解析】自动稳定的财政政策主要是累进税制度和转移支付制度，它们被称为自动稳定器或内在稳定器。

59. A【解析】财政政策的传导机制是指财政政策在发挥作用的过程中，各政策工具通过某种媒介体相互作用形成的一个有机联系的整体。

60. B【解析】间接信用指导是指中央银行通过道义劝告、窗口指导等办法间接影响商业银行的信用创造。选项 A、C 属于选择性政策工具，选项 D 属于一般性政策工具。

二、多项选择题

61. ABCD【解析】现代税收原则包括充裕原则、弹性原则、便利原则、节约原则。

62. BC【解析】我国政府直接显性债务有公债、欠发工资而形成的债务、粮食收购和流通中的亏损挂账、乡镇财政债务。

63. ABC【解析】影响财政支出规模的宏观因素的社会性因素主要包括人口、就业、医疗卫生、社会救济、社会保障以及城镇化等。

64. ABC【解析】社会优抚的内容主要包括提供抚恤金、优待金、补助金，兴办军人疗养院、光荣院，安置退役军人等。

65. BCD【解析】财政赤字的弥补方式有：增收减支、动用结余、向中央银行透支或借款、发行公债等方式。

66. ACE【解析】当社会总需求大于社会总供给时，可以通过实行国家预算收入大于支出的结余政策进行调节；而当社会总供给大于社会总需求时，可以通过实行国家预算支出大于收入的赤字政策进行调节；当社会供求总量平衡时，国家预算应通过实行收支平衡的中性政策与之相对应。

67. AB【解析】部门预算的原则包括：①合法性原则；②真实性原则；③完整性原则；④科学性原则；⑤稳妥性原则；⑥重点性原则；⑦透明性原则；⑧绩效性原则。

68. ABCE【解析】财政收入分配职能是指政府在进行财政分配活动的过程中，为了实现社会公平，而对市场经济形成的收入分配结构进行调整的职能，选项 D 错误。

69. ABCD【解析】选项 E，将外购的货物无偿赠送给客户属于增值税视同销售的情形，应计算缴纳增值税，同时进项税额符合条件的可以抵扣。

70. BCDE【解析】增值税扣税凭证是指增值税专用发票、海关进口增值税专用缴款书、农产品收购发票、农产品销售发票、机动车销售统一发票和收费公路通行费增值税电子普通发票以及完税凭证等。

71. ABCE【解析】不得计算折旧扣除的固定资产包括：①房屋、建筑物以外未投入使用的固定资产；②以经营租赁方式租入的固定资产；③以融资租赁方式租出的固定资产；④已足额提取折旧仍继续使用的固定资产；⑤与经营活动无关的固定资产；⑥单独估价作为固定资产入账的土地；⑦其他不得计算折旧扣除的固定资产。选项 D，与经营活动有关的固定资产不属于不得计算折旧扣除的固定资产范围。

72. ABDE【解析】纳税人违反“两税”有关税法而加收的滞纳金和罚款，不作为城市维护建设税和教育费附加的计税依据，选项 C 错误。

73. ABCD【解析】纳税担保范围包括税款、滞纳金和实现税款、滞纳金的费用。费用包括抵押、质押登记费用，质押保管费用，以及保管、拍卖、变卖担保财产等相关费用支出。

74. ACDE【解析】纳税人有下列情形的，不影响其纳税信用评价：①由税务机关原因或者不可抗力，造成纳税人未能及时履行纳税义务的（选项 A、C 正确）；②非主观故意的计算公式运用错误以及明显的笔误造成未缴或者少缴税款的（选项 D、E 正确）；③国家税务总局认定的其他不影响纳税信用评价的情形。

75. ABCD【解析】选择性政策工具包括消费者信用控制、不动产信用控制、证券市场信用控制、优惠利率、预缴进口保证金。

76. BD【解析】受益的非排他性和取得方式的非竞争性是公共物品的核心特征，效用的不可分割性和提供目的的非营利性是公共物品的外延特征。

77. ABDE【解析】部门预算是编制政府预算的一种制度和方法，即由政府各部门依据国家有关法律法规及履行职能的需要编制，反映部门所有收入和支出情况的综合财政计划，它是政府各部门履行职能和事业发展的物质基础，选项 C 错误。

78. ABCD【解析】政府预算绩效管理的前提包括五大部分：①构建绩效评价框架体系；②赋予

部门管理者充分的自主权；③强化部门管理者的责任；④以权责发生制计量政府成本；⑤建立绩效预算管理的制度和组织保障。

79. AC【解析】财政赤字产生排挤效应的实现机制在公债的不同发行方式下是有区别的。如果公债采用行政摊派的办法发行，排挤效应是通过行政手段强制实现的。通常情况是，政府通过行政摊派将公债分配给企业和个人认购，从而减少企业的投资和个人的消费，出现排挤效应。如果公债是自愿认购，那么这种排挤效应就是以非强制的方式来实现的。具体有两种途径：一种途径是直接实现，即政府有意识地通过提高公债利率或降低发行价格，来吸引企业或个人甚至商业银行认购公债，进而减少投资和消费，这是一种直接的排挤效应；另一种途径是由于政府发债，增加了货币需求，在货币供给一定的条件下，导致利率上升，从而减少企业的投资和个人的消费，这是一种间接的排挤效应。选项 B 应该是直接的排挤效应；选项 D 应该是间接的排挤效应；选项 E，行政摊派是通过行政手段强制实现的排挤效应。

80. BCD【解析】纳税信用信息包括纳税人信用历史信息、税务内部信息、外部信息。

三、案例分析题

(一)

81. C【解析】应缴纳关税税额＝（120＋2＋8）×6%＝7.8（万元），应缴纳增值税税额＝（120＋2＋8＋7.8）×13%＝17.914（万元）。故应向海关缴纳的税费总额＝7.8＋17.914＝25.714（万元）。

82. B【解析】业务（2）当月的增值税销项税额＝113/（1＋13%）/200×（200＋5）×13%＝13.325（万元），业务（3）当月的增值税销项税额＝120×13%＝15.6（万元）。合计＝13.325＋15.6＝28.925（万元）。

83. D【解析】业务（2）当月应缴纳的消费税税额＝113/（1＋13%）/200×（200＋5）×10%＝10.25（万元），业务（3）销售自产的 B 型摩托车（气缸容量不足250 毫升）无需缴纳消费税。故当月应当缴纳消费税税额为 10.25 万元。

84. B【解析】一般纳税人出租其 2016 年 5 月 1 日后取得的、与机构所在地不在同一县（市）的不动产，应按照 3%的预征率在不动产所在地预缴税款后，向机构所在地主管税务机关进行纳税申报。因此甲企业业务（4）在县城预缴的增值税税额＝48×3%＝1.44（万元）。

85. A【解析】城市维护建设税按纳税人所在地的不同，设置了三档地区差别比例税率。具体内容包括：①纳税人所在地在市区的，税率为 7%；②纳税人所在地在县城、镇的，税率为 5%；③纳税人所在地不在市区、县城或镇的，税率为 1%。

(二)

86. B【解析】2025 年 12 月 31 日之前，对化妆品制造或销售、医药制造和饮料制造（不含酒类制造）企业发生的广告费和业务宣传费支出，不超过当年销售（营业）收入 30%的部分，准予扣除；超过部分，准予在以后纳税年度结转扣除。营业收入的 30%＝3 000×30%＝900（万元），当年的广告费实际发生额 950 万元超过了扣除限额，因此只能按照扣除限额（900 万元）在税前扣除。

87. A【解析】企业购置并实际使用的环境保护、节能节水、安全生产等专用设备的，该专用设备投资额的 10%可以从企业当年的应纳税额中抵免；当年不足抵免的，可以在以后 5 个纳税年度结转抵免。因此，该企业至多可以抵免 2021 年的应纳所得税额＝50×10%＝5（万元）。

88. B【解析】非金融企业向非金融企业借款的利息支出，不超过按照金融企业同期同类贷款利率计算的数额的部分，准予扣除。按照金融企业同期同类贷款利率计算的数额＝500×5.8%＝29（万元）＜40万元，因此可以在企业所得税税前扣除的借款利息为29万元。

89. D【解析】企业当年发生的及以前年度结转的公益性捐赠支出，不超过年度利润总额12%的部分，准予在计算应纳税所得额时扣除；超过年度利润总额12%的部分，准予以后3年内在计算应纳税所得额时扣除。则可以在税前扣除的公益性支出限额＝200×12%＝24（万元），实际发生额小于可扣除的限额，因此按实际发生额20万元在税前扣除。

90. ABC【解析】赞助支出、税收滞纳金、罚金、罚款和被没收财物的损失不可以在税前扣除。

（三）

91. D【解析】甲将原值28万元的房产评估作价30万元投资乙企业，乙企业缴纳契税，甲无需缴纳。甲购买了一套价值50万元的房产，应纳契税＝50×3%＝1.5（万元）。甲以自有房屋作股权投入本人独资经营企业，免纳契税。法定继承人通过继承承受土地、房屋权属的，免征契税，因此甲继承的一套价值30万元的房产免征契税。

92. A【解析】婚姻关系存续期间夫妻之间变更土地、房屋权属的，免征契税。

93. C【解析】以房产作为投资或作股权转让，这种交易业务属房屋产权转移，应根据国家房地产管理的有关规定，办理房屋产权交易和产权变更登记手续，视同房屋买卖，由产权承受方按投资房产价值或房产买价缴纳契税。乙应纳契税＝30×3%＝0.9（万元）。

94. A【解析】乙企业办理产权登记后将该房产赠送给丙使用，但未办理产权转移，因此丙无需缴纳契税。

95. C【解析】房屋赠与中，房屋的受赠人要按规定缴纳契税。甲的儿子应纳契税＝35×3%＝1.05（万元）。

（四）

96. B【解析】企业开展研发活动中实际发生的研发费用，未形成无形资产计入当期损益的，在按规定据实扣除的基础上，在2018年1月1日至2023年12月31日期间，再按照实际发生额的75%（2021年1月1日后，制造业为100%）在税前加计扣除；形成无形资产的，在上述期间按照无形资产成本的175%（2021年1月1日后，制造业为200%）在税前摊销。企业委托外部机构或个人进行研发活动所发生的费用，按照费用实际发生额的80%计入委托方研发费用并计算加计扣除，受托方不得再进行加计扣除。因此研发支出应调减的应纳税所得额＝（450＋300×80%）×100%＝690（万元）。

97. D【解析】税收滞纳金、生态环境主管部门的罚款、非广告性质的赞助支出不得税前扣除。应调增应纳税所得额＝5＋3＋18＝26（万元）。

98. B【解析】企业发生的职工福利费支出，不超过工资、薪金总额14%的部分，准予扣除。职工福利费扣除限额＝15 000×14%＝2 100（万元），实际发生额2 355万元，大于扣除限额，因此应调增应纳税所得额＝2 355－2 100＝255（万元）。

99. C【解析】符合条件的居民企业之间的股息、红利等权益性投资收益免税。符合条件的居民企业之间的股息、红利等权益性投资收益，是指居民企业直接投资于其他居民企业取得的投资收益，不包括连续持有居民企业公开发行并上市流通的股票不足12个月取得的投资收益。因此甲企业直接投资非上市居民企业分回的股息免征企业所得税，应调减应纳税所得额200万元。

100. D **【解析】** 甲企业2021年应纳税所得额＝5 600－690－200＋255＋26＝4 991（万元）。甲企业2021年应纳企业所得税＝4 991×25%＝1 247.75（万元）。

证件号码：

准考证号：

考生姓名：

2021 年全国经济专业技术资格考试

《财政税收专业知识与实务》(中级)
机考真题汇编

扫码兑换 备考课程

考场规则

一、自考试开始前30分钟起，应试人员凭准考证和有效身份证件（须与报考时所使用的身份证件一致）进入本科目考试所指定考场，按座位号入座，并将准考证和有效身份证件放置在座位右上角。

二、本次考试为电子化考试，须在计算机上作答，应试人员参加考试可携带的用品只限于铅笔。

三、每科目开始5分钟后，迟到的应试人员一律不得进入考场。各科目考试时长（最长作答时间）为1.5小时，经监考人员同意，应试人员可提前15分钟交卷、离场。

四、应试人员须按照考试系统提示的要求进行操作，不得擅自对计算机进行冷、热启动，不得关闭电源或作出其他与考试无关的操作。

五、应试人员应按照考试系统的提示登录系统，须认真阅读《考场规则》及《操作指南》，并点击“我已阅读”按钮。考试开始后，考试系统将自动进行计时，应试人员作答时间以考试系统计时器显示的结果为准。

六、应试人员须在考场内保持安静；独立进行作答，不得与其他应试人员交流讨论，不得要求监考人员解释试题；遇到无法登录、系统故障等异常情况时可举手询问，不得自行处置。

七、应试人员应自觉接受工作人员的监督和检查，服从工作人员安排。

八、应试人员交卷后，须确认界面提示“交卷成功”，方可离开考场；若界面提示“交卷失败”，须及时联系监考人员。

九、应试人员不得将相关考试信息以任何方式带出考场，交卷后不得在考场附近逗留、谈论。

十、考试违纪违规行为按照人力资源社会保障部《专业技术人员资格考试违纪违规行为处理规定》处理。

一、单项选择题（共60题，每题1分。每题的备选项中，只有1个最符合题意）

1. 发展中国家在提供教育服务方面发挥主导作用的是（　　）。

A. 政府　　B. 个人

C. 企业　　D. 社会组织

2. 纳税人兼营不同税率应税消费品未分别核算的，消费税的计税方法是（　　）。

A. 按应税消费品的最低税率计征

B. 按应税消费品的不同税率分别计征

C. 按应税消费品的平均税率计征

D. 按应税消费品的最高税率计征

3. 下列不属于消费税征收范围的是（　　）。

A. 航空煤油　　B. 高档手表

C. 高尔夫球包　　D. 电动汽车

4. 首次提出转移支付概念的是（　　）。

A. 凯恩斯　　B. 提布特

C. 庇古　　D. 亚当·斯密

5. 下列关于企业现金折扣的处理，正确的是（　　）。

A. 可以冲抵销售收入　　B. 在实际发生时作为财务费用

C. 计入主营业务成本　　D. 不得在企业所得税税款中扣除

6. 下列措施中，属于税收保全措施的是（　　）。

A. 书面通知纳税人开户银行或者其他金融机构扣缴相当于应纳税额的存款

B. 书面通知纳税人开户银行或者其他金融机构冻结纳税人的金额相当于应纳税款的存款

C. 变卖纳税人的商品、货物或者其他财产抵缴税款

D. 拍卖纳税人的金额相当于应纳税款的商品

7. 假设上一年度财政支出为300亿元，本年度财政支出为325亿元，上一年度GDP为1 000亿元，本年度GDP为1 065亿元，则财政支出增长弹性系数为（　　）。

A. 0.783　　B. 2.600

C. 1.282　　D. 0.305

8. 关于消费税纳税义务发生时间的说法，正确的是（　　）。

A. 委托加工应税消费品的，为支付加工费的当天

B. 采取分期收款结算方式的，为发出应税消费品的当天

C. 进口应税消费品的，为报关进口的当天

D. 采取预收货款结算方式的，为收到预收款的当天

9. 以税收负担的分配是否公平为标准划分中央与地方收入遵循的原则是（　　）。

A. 经济利益原则　　B. 效率原则

C. 适应原则　　D. 恰当原则

10. 在税收优惠中，准予纳税人将其某种合乎规定的特殊支出以一定的比例或全部从应纳税所得中扣除，以减轻其税负的是（　　）。

A. 盈亏相抵　　B. 纳税扣除

C. 税收抵免　　D. 税收豁免

11. 不属于行政单位国有资产的是（　　）。

A. 外资投资形成的资产

B. 行政单位按照国家规定组织收入形成的资产

C. 国家调拨给行政单位的资产

D. 用国家财政性资金形成的资产

12. 李某报考某大学非全日制工商管理硕士（3 年制，学费为每年 3 600 元），花费4 800元报考了经济师课程，并通过了考试取得证书，李某当年的专项附加扣除为（　　）元。

A. 8 400　　　　B. 3 600

C. 4 800　　　　D. 5 200

13. 根据《关于深化国有企业改革的指导意见》，下列不属于公益类国有企业考核重点的是（　　）。

A. 产品服务质量　　　　B. 成本控制

C. 运营效率　　　　D. 经济业绩指标

14. 根据增值税法律制度，下列进项税额不得从销项税额中抵扣的是（　　）。

A. 因管理不善丢失的货物所对应的进项税额

B. 分配给股东的外购货物的进项税额

C. 因自然灾害损失的产品所对应的进项税额

D. 购进同时用于增值税应税项目和免税项目的固定资产的进项税额

15. 关于公债的说法，错误的是（　　）。

A. 机构持有公债可以减少公债销售环节

B. 个人持有公债主要是为了储蓄

C. 中央银行不得持有公债

D. 商业银行持有公债，有助于公债一级市场的形成

16. 政府提供公共产品和服务成本分担的地理边界与收益范围一致所依据的原则是（　　）。

A. 外部性原则　　　　B. 信息复杂性原则

C. 绩效管理原则　　　　D. 激励相容原则

17. 根据增值税法律制度，下列行为中属于应税劳务的是（　　）。

A. 提供缝纫劳务

B. 利用橱窗为客户进行广告发布、宣传、展示

C. 对建筑物进行修饰装修服务

D. 通过铁路运送旅客的运输业务活动

18. 下列行为中，无须缴纳消费税的是（　　）。

A. 化妆品生产企业将自产高档化妆品用于交易会样品

B. 卷烟企业将自产烟丝用于连续生产卷烟

C. 汽车企业将自产轿车用于本企业管理

D. 地板企业将自产实木地板用于装修

19. 对在一个纳税年度内月平均实际安置残疾人就业人数占单位在职职工总数的比例高于 25%（含 25%）且实际安置残疾人数（　　）的单位，可减征或免征该年度城镇土地使用税。

A. 15 人以上（含 15 人）

B. 10 人以上（含 10 人）

C. 5 人以上（含 5 人）

D. 20 人以上（含 20 人）

20. 下列关于我国国有企业混合所有制改革基本原则的说法，错误的是（　　）。

A. 坚持能改则改，积极推进　　B. 坚持完善制度，保护产权

C. 坚持严格程序，规范操作　　D. 坚持政府引导，市场运作

21. 下列减免税方式中，属于税基式减免的是（　　）。

A. 减半征收　　B. 核定减免率

C. 全部免征　　D. 免征额

22. 关于税法效力的说法，错误的是（　　）。

A. 税法具有空间效力

B. 税法可以自通过发布之日起生效

C. 我国税法坚持溯及既往的原则

D. 新法的生效日期可以作为旧法的失效日期

23. 固定资产转让净收益应计入的会计科目为（　　）。

A. 其他收益　　B. 资产处置收益

C. 主营业务收入　　D. 其他业务收入

24. 关于税收横向公平的说法，错误的是（　　）。

A. 自然人和法人均须纳税　　B. 不同收入的纳税人纳税相同

C. 本国人和外国人在征税上一视同仁　　D. 公私经济均等纳税

25. 财政在收入方面发挥内在稳定器调节作用的主要制度是（　　）。

A. 按不同产品征收的消费税制度　　B. 普遍征收的增值税制度

C. 由小规模纳税人规定的增值税制度　　D. 累进的所得税制度

26. 根据增值税法律制度，下列行为中，属于其他生活服务的是（　　）。

A. 纳税人提供植物养护服务

B. 提供餐饮服务的纳税人销售的外卖食品

C. 宾馆提供会议场所及配套服务

D. 纳税人对安装运行后的电梯提供的维护保养服务

27. 全国中期财政规划对中央年度预算编制起约束作用，对地方中期财政规划和年度预算编制起（　　）。

A. 约束作用　　B. 规范作用

C. 借鉴作用　　D. 指导作用

28. 非居民企业在中国境内未设立机构、场所的，或者虽设立机构、场所但取得的所得与其机构、场所没有实际联系的，其境内所得减按（　　）的税率征收企业所得税。

A. 25%　　B. 10%

C. 15%　　D. 20%

29. 自动稳定的财政政策和相机抉择的财政政策的划分标准是（　　）。

A. 按照对经济周期的调节作用　　B. 按照在国民经济总量方面的不同功能

C. 按照经济性质　　D. 按照政策作用的对象关系

30. 政府对公共偏好的选择一般采用的程序是（　　）。

A. 政治程序　　B. 法律程序

C. 组织程序　　D. 个人程序

31. 对于影响本年度的所得应调整的账户是（　　）。

A. 以前年度损益调整　　B. 本年利润

C. 管理费用　　D. 应收账款

32. 下列关于强制执行措施的说法，错误的是（　　）。

A. 拍卖或者变卖所得抵缴税款、滞纳金、罚款等其他法律规定的费用后，剩余部分应在3日内退还被执行人

B. 税务机关对单价5 000元以下的其他生活用品不采取强制执行措施

C. 纳税担保人未缴纳的滞纳金不在强制执行的范围内

D. 个人及其所抚养家属维持生活必需的住房和用品不在强制执行的范围内

33. 下列货币政策工具中，不属于一般性政策工具的是（　　）。

A. 法定存款准备金率　　B. 公开市场业务

C. 再贴现率　　D. 优惠利率

34. 在销售小轿车时一并向购买方收取的款项中，应作为价外费用计算增值税销项税额的是（　　）。

A. 收取的保险费　　B. 小轿车的改装费

C. 收取的车辆牌照费　　D. 收取的车辆购置税

35. 下列应缴纳耕地占用税的是（　　）。

A. 占用耕地建筑农田水利设施　　B. 占用耕地修建铁路

C. 公园占用耕地牧草自用　　D. 福利机构占用林地自用

36. 个人所得税专项附加扣除时，除可扣除本人或配偶发生的大病医疗支出外，还可以扣除（　　）的医药费用支出。

A. 已成年子女　　B. 父母

C. 兄弟姐妹　　D. 未成年子女

37. 关于购买性支出的说法，正确的是（　　）。

A. 购买性支出对微观经济主体的预算约束是软的

B. 购买性支出执行国民收入分配的职能较强

C. 购买性支出对生产和就业有直接影响

D. 购买性支出对政府效益约束较弱

38. 皮科克和怀斯曼把公共支出不断增长归于内在因素和外在因素，其内在因素是（　　）。

A. 战争导致公共支出增加

B. 经济增长导致公共收入增长，公共支出也随之增长

C. 自然灾害导致公共支出增加

D. 经济发展阶段转变，公共支出不断增长

39. 美国财政联邦政府的主体税种是（　　）。

A. 销售税　　B. 增值税

C. 所得税　　D. 财产税

40. 某公司 2020 年 12 月向烟农收购一批晾晒烟叶，支付的收购价款为 117 万元，实际支付的价外补贴为 10 万元，则应缴纳的烟叶税为（　　）万元。

A. 25.4　　B. 23.4

C. 18.0　　D. 16.0

41. 新绩效预算与早期绩效预算不同的是（　　）。

A. 新绩效预算更强调支出的最终结果　　B. 新绩效预算更强调产出速度

C. 新绩效预算更强调产出数量　　D. 新绩效预算更强调产出质量

42. 政府预算最鲜明的特征是（　　）。

A. 集中性　　B. 法律性

C. 预测性　　D. 综合性

43. A 企业与 B 企业于 2019 年 11 月 15 日签订股权转让协议，协议约定 B 企业应于 2019 年 11 月30 日向 A 企业支付价款，2020 年 1 月 18 日办理了股权变更手续，则 A 企业该项股权收入的实现时间为（　　）。

A. 2019 年 11 月 15 日　　B. 2019 年 11 月 30 日

C. 2020 年 1 月 18 日　　D. 2020 年 11 月 30 日

44. 根据增值税法律制度，下列不属于交通运输服务的是（　　）。

A. 装卸搬运服务　　B. 陆路运输服务

C. 水路运输服务　　D. 管道运输服务

45. 一般纳税人当月缴纳以前期间未交的增值税，正确的会计处理为（　　）。

A. 借：应交税费——应交增值税
　　贷：银行存款

B. 借：应交税费——预缴增值税
　　贷：银行存款

C. 借：应交税费——已交税金
　　贷：银行存款

D. 借：应交税费——未交增值税
　　贷：银行存款

46. 下列税收凭证中，属于完税凭证的是（　　）。

A. 提退减免凭证　　B. 票款结算单

C. 纳税保证金收据　　D. 缴款书

47. 某造纸厂因排放污染物种类过多而不具备污染物监测条件，在计算该造纸厂应缴纳环境保护税时应该（　　）。

A. 按照省、自治区、直辖市人民政府生态环境主管部门规定的抽样测算方法计算

B. 按照第三方有监测能力的监测机构出具的符合国家有关规定的监测数据计算

C. 按照同类企业污染物排放量水平进行相应调整的方法计算

D. 按照国务院生态环境主管部门规定的排污系数、物料衡算方法计算

48. 将公债总额分为若干份，逐年按既定份额偿还的方法是（　　）。

A. 市场购销偿还法　　B. 到期一次偿还法

C. 比例偿还法　　D. 调换偿还法

49. 行政单位出租、出借的国有资产，其所有权性质不变，仍归国家所有；所形成的收入，按照政府非税收入管理的规定，实行（　　）管理。

A. 分类分级　　B. 收支两条线

C. 自上而下　　D. 集中收付

50. 某市当地职工月平均工资为 5 000 元，王某 8 月份工资为 20 000 元，其基本养老保险个人缴费基数的上限为（　　）元。

A. 15 000　　B. 5 000

C. 20 000　　D. 12 000

51. 下列关于硬赤字的说法，错误的是（　　）。

A. 硬赤字通过财政向中央银行透支进行弥补

B. 在银行信贷资金紧张的情况下，硬赤字会带来通货膨胀

C. 硬赤字是指用债务收入弥补收支差额以后仍然存在的赤字

D. 硬赤字用债务收入进行弥补

52. 关于政府间转移支付的特点，说法错误的是（　　）。

A. 政府间转移支付不创造新的价值

B. 政府间转移支付是无偿支出

C. 政府间转移支付是政府的终极支出

D. 政府间转移支付只限于政府之间

53. 对企事业单位、社会团体以及其他组织向个人、专业化规模化住房租赁企业出租住房的，减按（　　）税率征收房产税。

A. 6%　　B. 8%

C. 2%　　D. 4%

54. 决定预算预备费动用方案的职权属于（　　）。

A. 各级预算单位　　B. 各级人民代表大会

C. 各级财政部门　　D. 各级人民政府

55. 基础的、最低层次的社会保障是（　　）。

A. 医疗保险　　B. 社会救助

C. 社会优抚　　D. 养老保险

56. 财政支出安排中做到收支挂钩，体现的原则是（　　）。

A. 权责结合原则　　B. 经济利益原则

C. 公平性原则　　D. 与事权相对应原则

57. 企业销售应税消费品，其计提的消费税记入的会计科目是（　　）。

A. “税金及附加”　　B. “营业外支出”

C. “管理费用”　　D. “销售费用”

58. 居民小王 2021 年工资、薪金 10 万元，为其他单位设计产品收入 1 万元，发表文章收入 0.5 万元，小王 2021 年取得综合所得收入额是（　　）万元。

A. 11.50　　B. 11.08

C. 10.50　　D. 11.20

59. 适用“成本—效益”分析法的是（　　）。

A. 转移性支出

B. 补贴性支出

C. 行政性支出

D. 投资性支出

60. 纳税人应当自纳税义务发生之日起（　　）日内申报缴纳耕地占用税。

A. 30

B. 15

C. 10

D. 60

二、多项选择题（共 20 题，每题 2 分。每题的备选项中，有 2 个或 2 个以上符合题意，至少有 1 个错项。错选，本题不得分；少选，所选的每个选项得 0.5 分）

61. 资产负债表的审查内容包括（　　）。

A. 营业费用

B. 递延资产

C. 应收账款

D. 坏账准备

E. 存货

62. 海关审查确定货物关税完税价格的方法包括（　　）。

A. 最低限价法

B. 相同货物成交价格估价方法

C. 类似货物成交价格估价方法

D. 倒扣价格估价方法

E. 计算价格估价方法

63. 根据环境保护税法律制度，暂免征收环境保护税的有（　　）。

A. 机动车行驶排放应税污染物的

B. 纳税人综合利用的固体废物符合国家和地方环境保护标准的

C. 依法设立的城乡污水集中处理场所排放相应应税污染物不超过国家和地方规定的排放标准的

D. 规模化养殖排放应税污染物的

E. 农业种植排放应税污染物的

64. 公债市场的功能有（　　）。

A. 提高社会资金效率

B. 合理有效调节社会资金的运行

C. 实现公债的顺利发行

D. 解决经常性财政支出的不足

E. 实现公债的顺利偿还

65. 根据马克思《哥达纲领批判》中的社会主义社会产品分配原理，财政支出分为（　　）。

A. 消费性支出

B. 购买性支出

C. 转移性支出

D. 积累性支出

E. 补偿性支出

66. 国有资本投资公司的功能定位包括（　　）。

A. 优化国有资本布局

B. 提升产业竞争能力

C. 服务国家战略

D. 提升国有资本运营效率

E. 提高国有资本回报率

67. 现行资源税的税率形式包括（　　）。

A. 超额累进税率

B. 超率比例税率

C. 定额税率

D. 固定比例税率

E. 幅度比例税率

68. 下列关于解决市场失灵问题的说法，正确的有（　　）。

A. 个人或经济组织是无力解决的

B. 需要政府为主体的财政介入解决

C. 依靠市场主体的力量去解决

D. 政府用非市场方式解决

E. 政府用市场方式解决

69. 缴纳我国城乡居民基本养老保险的个人可以按月领取城乡居民养老保险待遇的条件包括（　　）。

A. 累计缴费满 10 年

B. 年龄满 60 周岁

C. 累计缴费满 15 年

D. 未领取国家规定的基本养老保障待遇

E. 年龄满 55 周岁

70. 医疗卫生领域中央和地方财政事权和支出责任的主要内容可以划分为（　　）。

A. 公共卫生　　B. 计划生育

C. 能力建设　　D. 教育事业

E. 医疗保障

71. 根据消费税法律制度，征收消费税的行为有（　　）。

A. 白酒生产企业用于广告宣传的样品白酒

B. 器材厂委托加工直接销售的高尔夫球

C. 木材厂将自产的实木地板用于连续生产实木地板

D. 卷烟生产企业用于本企业招待所的卷烟

E. 汽车生产企业将自产的小汽车用于抵偿债务

72. 下列关于地方政府举借债务的说法，正确的有（　　）。

A. 地方政府举借债务不能用于公益性资本支出

B. 地方政府举借债务需列入上级政府预算调整方案

C. 地方政府举借债务必须在国务院规定的限额内

D. 地方政府举借债务只能通过发行地方政府债券

E. 地方政府举借债务只能用于经常性支出

73. 在计算关税完税价格时，计入出口货物完税价格的有（　　）。

A. 在货物价款中单独列明的货物运至我国境内输出地点装卸后的运输及相关费用、保险费

B. 货物运至我国境内输出地点装卸前的保险费

C. 货物运至我国境内输出地点装卸前的运输及其相关费用

D. 出口关税

E. 在货物价款中单独列明由卖方承担的佣金

74. 下列属于财政补贴对经济的影响的有（　　）。

A. 财政补贴可以改变需求结构

B. 财政补贴可以将外部效应内在化

C. 财政补贴不会扭曲价格体系

D. 财政补贴可以产生“排挤效应”

E. 财政补贴可以改变供给结构

75. 下列符合契税免税规定的有（　　）。

A. 个人首次购买90平方米以下改造安置住房

B. 个人购买家庭唯一住房

C. 夫妻离婚分割共同财产发生土地房屋权属变更

D. 法定继承人通过继承承受土地房屋权属

E. 承受荒滩土地使用权用于渔业生产

76. 下列收支项目中，被纳入软赤字计算口径的有（　　）。

A. 债务收入　　B. 经常收入

C. 债务支出　　D. 资产支出

E. 经常支出

77. 政府间财政关系一般包括（　　）。

A. 行政权力划分　　B. 支出责任划分

C. 财政事权划分　　D. 收入划分

E. 转移支付制度

78. 根据《跨地区经营汇总纳税企业所得税征收管理办法》，计算各分支机构所得税分摊比例需要考虑的因素有（　　）。

A. 期间费用　　B. 资产总额

C. 营业收入　　D. 职工薪酬

E. 利润总额

79. 原始凭证检查内容为（　　）。

A. 原始凭证的合法性和真实性　　B. 会计凭证及其对应关系是否正确

C. 原始凭证的完整性　　D. 原始凭证的手续是否完备

E. 会计记录所反映的经济内容是否完整

80. 下列关于政府预算的说法，正确的有（　　）。

A. 政府预算最鲜明的特征是法律性

B. 政治学视角下，研究政府预算应从分析公共政策的决策过程以及预算如何执行入手

C. 预算决策是对个人偏好的选择

D. 应适当以市场化方式弥补预算决策政治缺陷

E. 政府预算是政府调控经济和社会发展的重要手段

三、案例分析题（共20题，每题2分，由单选和多选组成。错选，本题不得分；少选，所选的每个选项得0.5分）

（一）

某产品销售公司的总机构A设立在北京，在上海、广州分别设有B、C两个分支机构。2021年1季度该公司汇总后的实际利润为1 000万元，不存在纳税调整事项。该公司按季预缴分摊企业所得税，企业所得税税率为25%。2020年B机构全年营业收入、职工薪酬、资产总额分别为9 000万元、220万元和3 000万元，C机构全年营业收入、职工薪酬、资产总额分别为5 000万元、130万元和3 000万元。营业收入、职工薪酬、资产总额的权重依次为0.35、0.35、

0.30，该公司按规定在总机构和分支机构之间计算分摊税款就地预缴。

根据以上资料，回答下列问题：

81. 该企业第1季度应缴纳的企业所得税为（　　）万元。

A. 500　　B. 250

C. 125　　D. 200

82. 总机构A在北京就地分摊预缴的企业所得税为（　　）万元。

A. 225　　B. 125

C. 200　　D. 500

83. B机构就地分摊预缴的企业所得税为（　　）万元。

A. 74.38　　B. 94.38

C. 84.38　　D. 64.38

84. C机构就地分摊预缴的企业所得税为（　　）万元。

A. 50.62　　B. 60.63

C. 70.63　　D. 80.63

85. 关于跨地区经营汇总纳税企业所得税征收管理的说法，正确的有（　　）。

A. 企业所得税分季或者分月预缴，由总机构和二级分支机构所在地税务机关分别核定

B. 年度终了后，总机构统一计算汇总纳税企业的年度应纳税所得额，扣除总机构和二级分支机构已预交的税款，计算出应缴应退税款

C. 实行统一计算、分级管理、就地预缴、汇总清算、财政调库的管理办法

D. 各二级分支机构应在每月或季度终了之日起15日内，就其分摊的所得税额就地申报预缴

（二）

某铁矿山2021年3月份于甲地开采铁原矿5 000吨，当月直接对外销售800吨，售价为500元/吨，另移送原铁矿1 000吨至乙地工厂，用于继续生产铁精粉1 200吨；4月份又销售已开发铁原矿800吨，售价为600元/吨，销售自产铁精粉300吨，售价为1 100元/吨；5月份将铁精粉200吨用于继续冶炼生产非应税产品；6月份该企业将自采铁原矿500吨用于偿债，铁原矿市价为700元/吨。铁原矿资源税税率为3%；铁精粉资源税税率为2%。

根据以上资料，回答下列问题：

86. 计算3月份应缴纳的资源税税额为（　　）元。

A. 12 000　　B. 0

C. 75 000　　D. 24 000

87. 计算4月份应缴纳的资源税税额为（　　）元。

A. 17 250　　B. 0

C. 14 400　　D. 21 000

88. 计算5月份应缴纳的资源税税额（　　）元。

A. 0　　B. 2 200

C. 4 400　　D. 2 999

89. 计算6月份应缴纳的资源税税额（　　）元。

A. 7 500　　B. 0

C. 9 000　　D. 10 500

90. 该企业铁原矿与铁精粉的纳税地点分别为（　　）。

A. 甲，甲　　　　B. 甲，乙

C. 乙，甲　　　　D. 乙，乙

（三）

位于某省会城市的甲餐饮企业为增值税一般纳税人，2021 年 4 月经营如下：

（1）当月餐饮服务收入价税合计 636 万元（含自酿 6 吨的鲜啤酒金额 2.25 万元），通过税控系统实际开票的不含税价款为 450 万元。

（2）当月采取分期付款方式销售粽子 200 万元，按合同规定当月应收货款 100 万元（不含增值税）。

（3）当月发生进项税额合计 30 万元，因仓库管理员失职丢失一批橄榄油，账面成本合计 10 万元。

该企业符合增值税加计抵减的条件，上期末加计抵减额余额为 5 万元。

其他材料：甲类啤酒消费税税率 250 元/吨，乙类啤酒消费税税率 220 元/吨；每吨出厂价（含包装物及包装物押金）3 000 元（含 3 000 元，不含增值税）以上的啤酒为甲类啤酒；每吨出厂价（含包装物及包装物押金）3 000 元（不含增值税）以下的啤酒为乙类啤酒。

根据以上资料，回答下列问题：

91. 业务（1）的销项税额为（　　）万元。

A. 36.00　　　　B. 36.13

C. 35.87　　　　D. 19.81

92. 业务（2）的销项税额为（　　）万元。

A. 19.5　　　　B. 22.5

C. 13.0　　　　D. 26.0

93. 当期可抵减的加计抵减额为（　　）万元。

A. 4.370　　　　B. 7.250

C. 9.365　　　　D. 9.500

94. 当期应交消费税（　　）万元。

A. 0.19　　　　B. 0.13

C. 0.23　　　　D. 0.15

95. 关于涉税处理的说法，正确的是（　　）。

A. 分期收款销售粽子应按 200 万元计算缴纳增值税

B. 未开具发票但实际收取的餐饮消费收入应缴纳增值税

C. 该企业城市维护建设税适用 7%税率

D. 该企业当期应转出进项税额 1.3 万元

（四）

某生产性企业为增值税一般纳税人，税率为 13%，2021 年 5 月有关业务如下：

（1）销售货物给消费者，价税合计销售额为 11 300 元，款项已收到。

（2）将自产货物一批用于捐赠，已知该批货物的对外不含税售价为 100 000 元，成本为 80 000元。

（3）将一批上月购进材料用于职工福利，已知该批货物的成本为 10 000 元，上月已抵扣进项税额 1 300 元。

（4）从农民手中购进一批农产品用于生产货物，收购凭证上注明收购价格为 20 万元。货款以现金支付，该批原材料尚未领用。

（5）购进一台生产设备，取得专票注明价款 2 万元，税款 2 600 元，款项已支付。

根据以上资料，回答下列问题：

96. 业务（1）账务处理正确的是（　　）。

A. 借：银行存款　　11 300.00
　　贷：主营业务收入　　10 970.87
　　　　应交税费——应交增值税（销项税额）　　329.13

B. 借：银行存款　　11 300.00
　　贷：主营业务收入　　11 300.00

C. 借：银行存款　　11 300.00
　　贷：主营业务收入　　10 000.00
　　　　应交税费——应交增值税（销项税额）　　1 300.00

D. 借：银行存款　　11 300.00
　　贷：主营业务收入　　10 000.00
　　　　应交税费——未交增值税（销项税额）　　1 300.00

97. 业务（2）的涉税处理正确的是（　　）。

A. 应按不含税售价计算销项税额

B. 按成本结转“库存商品”科目

C. 捐赠支出通过“营业外支出”科目核算

D. 按售价计入“主营业务收入”科目

98. 业务（3）会计处理正确的为（　　）。

A. 借：应付职工薪酬　　11 300.00
　　贷：原材料　　10 000.00
　　　　应交税费——待抵扣进项税额　　1 300.00

B. 借：应付职工薪酬　　10 000.00
　　贷：原材料　　10 000.00

C. 借：应付职工薪酬　　11 300.00
　　贷：原材料　　10 000.00
　　　　应交税费——应交增值税（进项税额转出）　　1 300.00

D. 借：应付职工薪酬　　11 300.00
　　贷：原材料　　10 000.00
　　　　应交税费——应交增值税（销项税额）　　1 300.00

99. 业务（4）会计处理正确的为（　　）。

A. 借：原材料　　180 000.00
　　　　应交税费——待抵扣进项税　　20 000.00
　　贷：库存现金　　200 000.00

B. 借：原材料　　200 000.00

贷：库存现金　　200 000.00

C. 借：原材料　　182 000.00

应交税费——应交增值税（进项税额）　　18 000.00

贷：库存现金　　200 000.00

D. 借：原材料　　180 000.00

应交税费——应交增值税（进项税额）　　20 000.00

贷：库存现金　　200 000.00

100. 业务（5）会计处理正确的为（　　）。

A. 借：固定资产　　20 000.00

应交税费——已交增值税　　2 600.00

贷：银行存款　　22 600.00

B. 借：管理费用　　22 600.00

贷：银行存款　　22 600.00

C. 借：固定资产　　22 600.00

贷：银行存款　　22 600.00

D. 借：固定资产　　20 000.00

应交税费——应交增值税（进项税额）　　2 600.00

贷：银行存款　　22 600.00

参考答案及解析

一、单项选择题

1. A【解析】从实践看，各国政府特别是发展中国家政府一般在提供教育服务方面发挥主导作用。
2. D【解析】纳税人兼营不同税率的应税消费品，即生产销售两种税率以上的应税消费品时，应当分别核算不同税率应税消费品的销售额、销售数量；未分别核算的，按最高税率征税。
3. D【解析】消费税征税范围包括烟，酒，高档化妆品，贵重首饰及珠宝玉石，鞭炮、焰火，成品油，摩托车，小汽车，高尔夫球及球具，高档手表，游艇，木制一次性筷子，实木地板，电池，涂料。选项 A，航空煤油属于成品油，需要征收消费税；选项 D，电动汽车不属于消费税征税范围。
4. C【解析】著名经济学家庇古在其 1928 年出版的《财政学研究》中第一次提出了转移支付的概念。
5. B【解析】企业销售货物发生的现金折扣，正确的账务处理为折扣发生时借记“财务费用”科目。
6. B【解析】如果纳税人不能提供纳税担保，经县以上税务局（分局）局长批准，税务机关可以采取税收保全措施包括：①书面通知纳税人开户银行或者其他金融机构冻结纳税人的金额相当于应纳税款的存款；②扣押、查封纳税人的价值相当于应纳税款的商品、货物或者其他财产。
7. C【解析】财政支出增长弹性系数＝财政支出增长率/GDP 增长率＝［（325－300）/300］/［（1 065－1 000）/1 000］≈1.282。
8. C【解析】消费税的纳税义务发生时间包括：①采取赊销和分期收款结算方式的，为书面合同约定的收款日期的当天；书面合同没有约定收款日期或者无书面合同的，为发出应税消费品的当天。②采取预收货款结算方式的，为发出应税消费品的当天。③采取托收承付和委托银行收款方式的，为发出应税消费品并办妥托收手续的当天。④采取其他结算方式的，为收讫销售款或者取得索取销售款凭据的当天。⑤纳税人自产自用应税消费品的，为移送使用的当天。⑥纳税人委托加工应税消费品的，为纳税人提货的当天。⑦纳税人进口应税消费品的，为报关进口的当天（选项 C 正确）。
9. D【解析】税收收入划分的四个原则为：①效率原则（以征税效率的高低作为标准）；②适应原则（以税基宽窄为标准）；③恰当原则（以税收负担的分配是否公平为标准）；④经济利益原则（以增进经济利益为标准）。
10. B【解析】盈亏相抵是指准许企业以某一年度的亏损，抵消以后年度的盈余，以减少其以后年度的应纳税款；或者冲抵以前年度的盈余，申请退还以前年度已纳的部分税款。纳税扣除是指准许企业把一些合乎规定的特殊支出，以一定的比例或全部从应税所得中扣除，以减轻其税负。税收抵免是指允许纳税人从其某种合乎奖励规定的支出中，以一定比例从其应纳税额中扣除，以减轻其税负。税收豁免是指在一定期间内，对纳税人的某些所得项目或所得来源不予征税，或对其某些活动不列入征税范围等，以减轻其税收负担。

11. A【解析】行政单位国有资产包括行政单位用国家财政性资金形成的资产、国家调拨给行政单位的资产、行政单位按照国家规定组织收入形成的资产，以及接受捐赠和其他经法律确认为国家所有的资产，其表现形式为固定资产、流动资产和无形资产等。（该知识点在新教材中已删除）

12. A【解析】纳税人在中国境内接受学历（学位）继续教育的支出，在学历（学位）教育期间按照每月 400 元定额扣除；纳税人接受技能人员职业资格继续教育、专业技术人员职业资格继续教育的支出，在取得相关证书的当年，按照 3 600 元定额扣除。故李某当年的专项附加扣除＝400×12＋3 600＝8 400（元）。

13. D【解析】商业类国有企业和公益类国有企业实行不同的考核方法。商业类国有企业重点考核其经营业绩指标、国有资产保值增值和市场竞争能力；公益类国有企业重点考核其成本控制、产品服务质量、营运效率和保障能力。（该知识点在新教材中已删除）

14. A【解析】非正常损失的购进货物，以及相关的加工修理修配劳务和交通运输服务，其进项税额不得从销项税额中抵扣。非正常损失是指因管理不善造成货物被盗、丢失、霉烂变质，以及因违反法律法规造成货物或者不动产被依法没收、销毁、拆除的情形。

15. C【解析】中央银行可以持有公债，选项 C 错误。

16. A【解析】根据外部性原则，在实际操作中可以根据公共服务的受益范围确定公共服务成本的辖区范围，使成本分担的地理边界同受益范围一致，据以实现成本和受益在地理范围上的完全内部化，而不至于外溢到其他辖区。

17. A【解析】我国增值税的应税劳务是指有偿提供加工、修理修配劳务。选项 B 是现代服务中的广告服务，选项 C 是建筑服务中的装饰服务，选项 D 是交通运输服务中的铁路运输服务。

18. B【解析】纳税人自产自用的应税消费品，用于连续生产应税消费品的，不纳税；用于其他方面的，于移送使用时纳税。

19. B【解析】对在一个纳税年度内月平均实际安置残疾人就业人数占单位在职职工总数的比例高于 25%（含 25%）且实际安置残疾人人数高于 10 人（含 10 人）的单位，可减征或免征该年度城镇土地使用税。（该知识点在新教材中已删除）

20. A【解析】《关于国有企业发展混合所有制经济的意见》指出，在国有企业混合所有制改革中，要坚决防止因监管不到位、改革不彻底导致的国有资产流失。为实现上述要求，深化改革必须坚持以下基本原则：①要坚持政府引导，市场运作原则；②要坚持完善制度，保护产权原则；③要坚持严格程序，规范操作原则；④要坚持宜改则改，稳妥推进原则（选项 A 错误）。（该知识点在新教材中已删除）

21. D【解析】税基式减免是通过直接缩小计税依据的方式实现的减税免税，具体包括起征点、免征额、项目扣除以及跨期结转。

22. C【解析】我国税法坚持不溯及既往的原则，选项 C 错误。（该知识点在新教材中已删除）

23. B【解析】转让固定资产收入的检查主要是对“固定资产清理”“累计折旧”“资产处置收益”等科目的账户进行检查。

24. B【解析】横向公平具有以下四个方面的要求：①排除特权阶层免税；②自然人和法人均须

纳税；③公私经济均等征税；④对本国人和外国人在征税上一视同仁。横向公平又称水平公平，是指对相同境遇的纳税人课征相同的税收，选项 B 错误。

25. D【解析】财政内在稳定器调节主要表现为财政收入和财政支出两方面。在财政收入方面，主要是实行累进所得税制。

26. A【解析】其他生活服务是指除文化体育服务、教育医疗服务、旅游娱乐服务、餐饮住宿服务和居民日常服务之外的生活服务。选项 B 属于餐饮住宿服务，选项 C 属于会议展览服务，选项 D 属于其他现代服务。

27. D【解析】分级次来看，全国中期财政规划对中央年度预算编制起约束作用，对地方中期财政规划和年度预算编制起指导作用。

28. B【解析】非居民企业在中国境内未设立机构、场所的，或者虽设立机构、场所但取得的所得与其机构、场所没有实际联系的，其境内所得减按 10％的税率征收企业所得税。

29. A【解析】按照对经济周期的调节作用划分，财政政策可以划分为自动稳定的财政政策和相机抉择的财政政策。按照在国民经济总量方面的不同功能划分，财政政策可以分为扩张性财政政策、紧缩财政政策和中性财政政策。按照政策作用的对象划分，财政政策可分为宏观财政政策、中观财政政策和微观财政政策。

30. A【解析】公共偏好采取政治程序决策。

31. B【解析】对于影响本年度的所得可以直接调整“本年利润”账户，而对于影响上年度的所得可以直接调整“以前年度损益调整”账户。（“本年利润”账户、“以前年度损益调整”账户在新教材中修改为“本年利润”科目、“以前年度损益调整”科目）

32. C【解析】税务机关采取强制执行措施时，对有关纳税人、扣缴义务人、纳税担保人未缴纳的滞纳金同时强制执行，选项 C 错误。

33. D【解析】一般性政策工具包括法定存款准备金率、再贴现率、公开市场业务。选项 D 属于选择性货币工具。

34. B【解析】销售货物的同时代办保险等而向购买方收取的保险费，以及向购买方收取的代购买方缴纳的车辆购置税、车辆牌照费不属于价外费用。

35. B【解析】选项 A、C、D 属于免征耕地占用税的情形，选项 B，占用耕地修建铁路减按每平方米 2 元的税额征收耕地占用税。

36. D【解析】纳税人发生的医药费用支出可以选择由本人或者其配偶扣除；未成年子女发生的医药费用支出可以选择由其父母一方扣除。

37. C【解析】购买性支出对微观经济主体的约束是硬的，选项 A 错误。购买性支出执行资源配置的职能较强，选项 B 错误。购买性支出对政府的效益约束较强，选项 D 错误。

38. B【解析】公共支出随着收入的增加而增加，这是导致公共支出增长的内在因素。选项 A、C、D 属于外在因素。

39. C【解析】美国将所得税作为联邦的主体税种，因为所得税是美国税制中的主体税种，联邦通过较高的税率将所得税的大部分税源集中为联邦支配，州和地方只能以较低税率征收所得税，这样就可以防止各州和地方政府为争夺投资和人才而竞相降低税率。

40. A【解析】烟叶税计税依据为纳税人收购烟叶实际支付的价款总额，包括纳税人支付给烟叶生产销售单位和个人的烟叶收购价款和价外补贴。故应缴纳烟叶税额＝（117＋10）×20％＝25.4（万元）。

41. A【解析】20 世纪 70 年代末到 80 年代初，英国、澳大利亚、新西兰、加拿大等国家率先启动了新绩效预算改革。新绩效预算与 20 世纪 50 年代于美国兴起的绩效预算相同之处在于，二者都强调预算支出的绩效；区别在于，早期的绩效预算更强调产出，新绩效预算则更强调支出的最终结果。

42. B【解析】政府预算最鲜明的特征是法律性。

43. C【解析】转让股权收入应于转让协议生效且完成股权变更手续时确认收入实现。

44. A【解析】交通运输服务包括陆路运输服务、水路运输服务、航空运输服务和管道运输服务。选项 A 属于物流辅助服务。

45. D【解析】“未交增值税”明细科目，核算纳税人月度终了从“应交增值税”或“预交增值税”明细科目转入当月应交未交、多交或预缴的增值税额，以及当月交纳以前期间未交的增值税额。

46. D【解析】税收凭证是指税务机关在税款的征、减、免、退、补、罚过程中开具的凭证。税收凭证通常分为两类：①完税凭证类，包括各种完税证和缴款书，是纳税人依法缴纳税款后，税务机关所出具的完税证明，它反映了纳税人的纳税情况；②综合凭证类，包括各种提退减免凭证、罚款收据、票款结算单、代扣代缴税款专用发票、纳税保证金收据、税票调换证等。

47. D【解析】应税大气污染物、水污染物、固体废物的排放量和噪声的分贝数，按照下列方法和顺序计算：①纳税人安装使用符合国家规定和监测规范的污染物自动监测设备的，按照污染物自动监测数据计算；②纳税人未安装使用污染物自动监测设备的，按照监测机构出具的符合国家有关规定和监测规范的监测数据计算；③因排放污染物种类多等原因不具备监测条件的，按照国务院生态环境主管部门规定的排污系数、物料衡算方法计算；④不能按照上述第①项至第③项规定的方法计算的，按照省、自治区、直辖市人民政府生态环境主管部门规定的抽样测算的方法核定计算。

48. C【解析】公债到期之后，要按照发行时的规定，按期归还本金。在公债的具体偿还过程中采用的主要方式有：①市场购销偿还法，即政府按照市场价从债券市场收回公债券，从而使公债免除。②抽签偿还法，即政府在发行公债时规定将定期抽签，分期分批予以偿还。这一方法不论公债号码顺序的先后和认购公债的迟早，都以中签年度作为偿还期。③比例偿还法，即将公债总额分为若干份，逐年按既定份额偿还。④到期一次偿还法，即政府对发行的公债实行在债券到期日按票面金额一次全部偿还本金和利息的办法。⑤调换偿还法，即政府发行新债券以偿还即将到期的旧债券。

49. B【解析】行政单位出租、出借的国有资产，其所有权性质不变，仍归国家所有；所形成的收入，按照政府非税收入管理的规定，实行“收支两条线”管理。（该知识点在新教材中已删除）

50. A【解析】个人月平均工资高于当地职工月平均工资 300%的，按照当地职工月平均工资的 300%作为缴费基数。

51. D【解析】硬赤字无法利用债务收入进行弥补，选项 D 错误。

52. C【解析】政府间转移支付的特点包括：①政府间转移支付的范围只限于政府之间；②政府间转移支付是无偿支出；③政府间转移支付并非政府的终极支出（选项 C 错误）。

53. D【解析】对企事业单位、社会团体以及其他组织向个人、专业化规模化住房租赁企业出租住房的，减按4%的税率征收房产税。

54. D【解析】各级人民政府是预算管理的国家行政机关。其主要职权有：编制预算、决算草案，向本级人民代表大会做关于预算草案的报告，组织预算的执行，决定预算预备费的动用方案，编制预算调整方案，监督预算执行等。

55. B【解析】社会救助是基础的、最低层次的社会保障，其目的是保障公民享有最低生活水平，给付标准低于社会保险。

56. A【解析】权责结合的原则可以解决划分支出的依据问题，即解决财权、财力与财政责任的结合问题。一是要在地方组织的收入中解决其支出的需要，即收支挂钩；二是各级财政要为各级政府履行自己的事权提供财力支撑；三是各级政府要保持财政收支平衡。

57. A【解析】消费税计提税金的会计账务处理为借记“税金及附加”。

58. B【解析】综合所得包括工资、薪金所得，特许权使用费所得，劳务报酬所得，稿酬所得。小王2021年取得综合所得收入额＝10＋1×80%＋0.5×80%×70%＝11.08（万元）。

59. D【解析】“成本—效益”分析法的基本原理是，根据国家所确定的建设目标，提出实现该目标的各种方案，对这些可供选择的方案，用一定的方法计算出各方案的全部预期成本和全部预期效益，通过计算“成本—效益”的比率，来比较不同方案的效益，选择最优的支出方案，据此拨付和使用财政资金。这种方法特别适用于财政支出中有关投资性支出项目的分析。

60. A【解析】耕地占用税的纳税义务发生时间为纳税人收到自然资源主管部门办理占用耕地手续的书面通知的当日。纳税人应当自纳税义务发生之日起30日内申报缴纳耕地占用税。

二、多项选择题

61. BCDE【解析】资产负债表的审查一般来说应注意以下项目：①应收账款、预付账款、应付账款、预收账款项目的审查（包括对坏账损失计提的“坏账准备”金额）；②各项存货项目的审查；③递延资产项目的审查；④固定资产的审查。

62. BCDE【解析】进口货物的成交价格不符合成交价格条件或者成交价格不能确定的，海关经了解有关情况，并与纳税义务人进行价格磋商后，依次以相同货物成交价格估价方法、类似货物成交价格估价方法、倒扣价格估价方法、计算价格估价方法或者合理方法的顺序审查确定该货物的完税价格。

63. ABCE【解析】有以下情形的，暂予免征环境保护税：①农业生产（不包括规模化养殖）排放应税污染物的；②机动车、铁路机车、非道路移动机械、船舶和航空器等流动污染源排放应税污染物的；③依法设立的城乡污水集中处理、生活垃圾集中处理场所排放相应应税污染物不超过国家和地方规定的排放标准的；④纳税人综合利用的固体废物符合国家和地方环境保护标准的；⑤国务院批准免税的其他情形。

64. ABCE【解析】公债市场具有以下两种功能：①实现公债的顺利发行和偿还；②合理有效调节社会资金的运行，提高社会资金效率。

65. ADE【解析】马克思在《哥达纲领批判》中阐述了共产主义第一阶段的社会产品分配原理。按财政支出在社会再生产中的作用分类，财政支出可以分为补偿性支出、消费性支出、积累性支出。

66. ABC【解析】国有资本投资、运营公司均为在国家授权范围内履行国有资本出资人职责的国有独资公司，是国有资本市场化运作的专业平台。国有资本投资公司主要以服务国家战略、优化国有资本布局、提升产业竞争力为目标；国有资本运营公司主要以提升国有资本运营效率、提高国有资本回报率为目标。（该知识点在新教材中已删除）

67. CDE【解析】现行资源税实行固定比例税率、幅度比例税率和定额税率。

68. ABD【解析】市场失灵问题，个人和经济组织是无能为力的，需要以政府为主体的财政介入，用非市场方式解决市场失灵问题。

69. BCD【解析】参加城乡居民基本养老保险的个人，年满60周岁、累计缴费满15年，且未领取国家规定的基本养老保障待遇的，可以按月领取城乡居民养老保险待遇。

70. ABCE【解析】医疗卫生领域中央与地方财政事权和支出责任的主要内容可以划分为公共卫生、医疗保障、计划生育、能力建设四个方面。（该知识点在新教材中已删除）

71. ADE【解析】《中华人民共和国消费税暂行条例》规定，纳税人自产自用的应税消费品，用于连续生产应税消费品的不纳税；用于其他方面的，于移送使用时纳税。所谓"用于其他方面"，是指纳税人用于生产应税消费品、在建工程、管理部门、非生产机构、提供劳务以及用于馈赠、赞助、集资、广告、样品、职工福利、奖励等方面的消费品。

72. CD【解析】举借的债务应当有偿还计划和稳定的偿还资金来源，只能用于公益性资本支出，不得用于经常性支出，选项A、E错误。省、自治区、直辖市依照国务院下达的限额举借的债务，列入本级预算调整方案，报本级人民代表大会常务委员会批准，选项B错误。

73. BC【解析】出口货物的完税价格由海关以该货物的成交价格为基础审查确定，并且应当包括货物运至我国境内输出地点装载前的运输及其相关费用、保险费。上述"成交价格"是指该货物出口销售时，卖方为出口该货物应当向买方直接收取和间接收取的价款总额，不包括出口关税，以及在货物价款中单独列明的货物运至我国境内输出地点装载后的运输及其相关费用、保险费和在货物价款中单独列明由卖方承担的佣金。

74. ABE【解析】财政补贴的经济影响包括：①财政补贴可以改变需求结构；②财政补贴可以改变供给结构；③财政补贴可以将外部效应内在化。

75. CDE【解析】选项A，个人首次购买90平方米以下改造安置住房，按1%的税率计征契税。选项B，对个人购买家庭唯一住房，面积为90平方米及以下的，减按1%的税率征收契税；面积为90平方米以上的，减按1.5%的税率征收契税。

76. BE【解析】软赤字是指未经债务收入弥补的赤字，其计算口径是：财政赤字＝经常收入－经常支出。在这里，经常收入中不包括债务收入，此时出现的财政赤字完全可以通过举借债务来弥补。

77. BCDE【解析】政府间财政关系一般包括五个方面。一是财政事权划分，即事该由哪级政府干。二是支出责任划分，即钱该由哪级政府出。三是收入划分，即以税收为主体的政府收入在政府之间如何安排。四是转移支付制度，即事和钱都分清楚之后，政府间的财力盈缺如何调节；如果地方收入不能满足干事的需求，如何通过科学规范的转移支付得到弥补。五是在此基础上，通过建立预算管理制度，明确财政收支活动的基本规则，保障财政发挥职能作用，促进中央和地方各级政府分工协作、有序运转、有效履职。

78. BCD【解析】总机构应按照上年度二级分支机构的营业收入、职工薪酬和资产总额三个因素计算各二级分支机构分摊所得税款的比例，三因素的权重依次为0.35、0.35、0.30。

79. ACD【解析】记账凭证的检查事项为：①记账凭证是否附有原始凭证，两者的内容是否一致；②会计科目及其对应关系是否正确；③会计记录所反映的经济内容是否完整，处理是否及时。选项 B、E 属于记账凭证的检查内容。

80. ABDE【解析】政府预算决策的对象是公共偏好，预算决策是对公共偏好的选择，公共偏好以个人为评价基础，公共偏好采取政治程序决策，选项 C 错误。

三、案例分析题

(一)

81. B【解析】该企业第 1 季度应缴纳企业所得税税额＝1 000×25％＝250（万元）。

82. B【解析】总机构分摊税款＝汇总纳税企业当期应当纳税额×50％＝250×50％＝125（万元）。

83. A【解析】B 分支机构分摊比例＝该分支机构营业收入/各分支机构营业收入之和×0.35＋该分支机构职工薪酬/各分支机构职工薪酬之和×0.35＋该分支机构资产总额/各分支机构资产总额之和×0.30＝［9 000/（9 000＋5 000）］×0.35＋［220/（220＋130）］×0.35＋［3 000/（3 000＋3 000）］×0.30＝0.595，B 机构应分担的税款＝250×50％×0.595≈74.38（万元）。

84. A【解析】C 机构应分摊的税额＝125－74.38＝50.62（万元）。

85. BCD【解析】企业所得税分月或分季预缴，由总机构所在地主管税务机关具体核定。选项 A 错误。

(二)

86. A【解析】移送铁原矿 1 000 吨至乙地工厂生产铁精粉不缴纳资源税，故 3 月份应缴纳的资源所得税税额＝800×500×3％＝12 000（元）。

87. D【解析】4 月份应缴纳的资源税税额＝600×800×3％＋1 100×300×2％＝21 000（元）。

88. C【解析】5 月份应缴纳的资源税税额＝200×1 100×2％＝4 400（元）。

89. D【解析】6 月份应缴纳的资源税税额＝500×700×3％＝10 500（元）。

90. A【解析】根据《财政部 税务总局关于资源税有关问题执行口径的公告》的规定，纳税地点为矿产品的开采地或者海盐的生产地。

(三)

91. A【解析】业务（1）销项税额＝636/（1＋6％）×6％＝36（万元）。

92. C【解析】采用分期收款方式销售产品，按书面合同约定的收款日期作为销售收入的实现时间，也就是纳税义务发生时间。业务（2）销项税额＝100×13％＝13（万元）。

93. C【解析】因管理员失职丢失的橄榄油需要做进项税额转出处理，即 10×9％＝0.9（万元）。本期可抵扣的进项税额＝30－0.9＝29.1（万元）。2019 年 10 月 1 日至 2021 年 12 月 31 日，允许生活性服务业纳税人按照当期可抵扣进项税额加计 15％抵减应纳税额。当期可抵减的加计抵减额＝5＋29.1×15％＝9.365（万元）。

94. D【解析】自酿 6 吨的鲜啤酒金额 2.25 万元，即每吨为：22 500/6＝3 750（元），大于 3 000 元，为甲类啤酒。当期应交消费税＝6×250＝1 500（元）＝0.15（万元）。

95. BC【解析】分期收款销售粽子应按 100 万元计算缴纳增值税，选项 A 错误。转出的进项税额＝账面成本×扣除率＝10×9％＝0.9（万元），选项 D 错误。

(四)

96. C【解析】在交款提货销售的情况下，如货款已经收到，发票账单和提货单已经交给买方，无论商品、产品是否已经发出，都作为销售实现，按照实现的销售收入和按规定收取的增值税税额作如下会计处理：

借：银行存款　　11 300

　　贷：主营业务收入　　10 000

　　　　应交税费——应交增值税（销项税额）　　1 300

97. ABC【解析】将货物无偿赠送应按所赠货物的售价乘以税率计算的应纳增值税之和，借记“营业外支出”科目，按所赠货物的成本，贷记“库存商品”“原材料”科目，按应纳的销项税额，贷记“应交税费——应交增值税（销项税额）”科目。

98. C【解析】外购的货物用于职工福利，其进项税额不能进行抵扣，应做进项税额转出处理。

99. C【解析】购进农产品尚未领用，可以先按 9% 计算抵扣进项税额，因此进项税额＝200 000×9%＝18 000（元）。

100. D【解析】购入固定资产会计分录应为：

借：固定资产　　20 000

　　应交税费——应交增值税（进项税额）　　2 600

　　贷：银行存款　　22 600

考生姓名：________

准考证号：________

证件号码：________

2020 年全国经济专业技术资格考试

《财政税收专业知识与实务》(中级)
机考真题汇编

考场规则

一、自考试开始前30分钟起，应试人员凭准考证和有效身份证件（须与报考时所使用的身份证件一致）进入本科目考试所指定考场，按座位号入座，并将准考证和有效身份证件放置在座位右上角。

二、本次考试为电子化考试，须在计算机上作答，应试人员参加考试可携带的用品只限于铅笔。

三、每科目开始5分钟后，迟到的应试人员一律不得进入考场。各科目考试时长（最长作答时间）为1.5小时，经监考人员同意，应试人员可提前15分钟交卷、离场。

四、应试人员须按照考试系统提示的要求进行操作，不得擅自对计算机进行冷、热启动，不得关闭电源或作出其他与考试无关的操作。

五、应试人员应按照考试系统的提示登录系统，须认真阅读《考场规则》及《操作指南》，并点击“我已阅读”按钮。考试开始后，考试系统将自动进行计时，应试人员作答时间以考试系统计时器显示的结果为准。

六、应试人员须在考场内保持安静；独立进行作答，不得与其他应试人员交流讨论，不得要求监考人员解释试题；遇到无法登录、系统故障等异常情况时可举手询问，不得自行处置。

七、应试人员应自觉接受工作人员的监督和检查，服从工作人员安排。

八、应试人员交卷后，须确认界面提示“交卷成功”，方可离开考场；若界面提示“交卷失败”，须及时联系监考人员。

九、应试人员不得将相关考试信息以任何方式带出考场，交卷后不得在考场附近逗留、谈论。

十、考试违纪违规行为按照人力资源社会保障部《专业技术人员资格考试违纪违规行为处理规定》处理。

一、单项选择题（共 60 题，每题 1 分。每题的备选项中，只有 1 个最符合题意）

1. 政府进行宏观经济调控的首要目标是（　　）。

A. 经济稳定增长　　B. 充分就业

C. 物价稳定　　D. 国际收支平衡

2. 下列选项中，不属于交通运输服务的是（　　）。

A. 陆路运输服务　　B. 航空运输服务

C. 管道运输服务　　D. 物流辅助服务

3. 发行主体不预先确定发行条件，而是委托发行网点和代理销售机构相机确定，且可随时调整发行条件、调节发行流量的公债发行方式是（　　）。

A. 直接发行方式　　B. 承购包销方式

C. 公募招标方式　　D. 连续发行方式

4. 2019 年 10 月 1 日至 2021 年 12 月 31 日，允许（　　）纳税人按照当期可抵扣进项税额加计 15%，抵减应纳税额。

A. 生活服务　　B. 邮政服务

C. 电信服务　　D. 现代服务

5. 适用"成本—效益"分析方法的是（　　）。

A. 国防　　B. 投资性支出

C. 铁路　　D. 燃气

6. 房地产开发企业采取预收款方式销售所开发的房地产项目，在收到预收款时按照（　　）的预征率预缴增值税。

A. 10%　　B. 8%

C. 5%　　D. 3%

7. 下列选项中，属于委托加工应税消费品的是（　　）。

A. 由委托方提供原料和主要材料，受托方只收取加工费和代垫部分辅助材料加工的应税消费品

B. 由受托方以委托方的名义购进原材料生产的应税消费品

C. 由受托方提供原材料生产的应税消费品

D. 受托方先将原材料卖给委托方，然后再接受加工的应税消费品

8. 2019 年度某企业资产总额 2 000 万元，从业人数 100 人，主营业务收入 1 000 万元，相关成本费用 800 万元，则该企业应缴纳企业所得税（　　）万元。

A. 50　　B. 40

C. 20　　D. 15

9. 向个人提供的最低生活保障或者向遭受自然灾害而遇到生产困难的城乡居民提供必要的资助属于（　　）。

A. 社会保险　　B. 社会救助

C. 社会福利　　D. 社会优抚

10. 保障政府间财政关系成功运行，实现激励相容必须满足一定的条件，不包括（　　）。

A. 权力制度化　　B. 地方政府自治

C. 共同市场　　D. 预算软约束

11. 税务机关对某企业进行纳税检查时，发现该企业将生产领用的原材料 6 000 元误记为 60 000 元，企业应做的账务调整为（　　）。

A. 红字借记“原材料”科目 6 000 元　　B. 红字贷记“原材料”科目 6 000 元

C. 红字借记“原材料”科目 54 000 元　　D. 红字贷记“原材料”科目 54 000 元

12. 预算稳定调节基金在编制年度预算调入使用后的规模不超过当年本级一般公共预算支出总额的一定比例，这个比例是（　　）。

A. 7%　　B. 10%

C. 5%　　D. 8%

13. 关于征税对象，说法错误的是（　　）。

A. 征税对象是计算应纳税额所依据的标准

B. 征税对象是一种税区别于另一种税的标志

C. 征税对象质的具体化是征税范围和税目

D. 征税对象量的具体化是计税依据和计税标准

14. 政府预算决策的对象是（　　）。

A. 公共偏好　　B. 依据合法

C. 程序合理　　D. 政府需要

15. 社会保障资金的缺口所形成的政府债务属于（　　）。

A. 直接隐性债务　　B. 直接显性债务

C. 或有隐性债务　　D. 或有显性债务

16. 根据经济社会发展的政策目标，采用相机抉择方式安排预算收支的政策是（　　）。

A. 功能财政预算政策　　B. 健全财政政策

C. 周期平衡财政政策　　D. 充分就业预算平衡政策

17. A 国某居民公司 2019 年度来源 B 国所得 200 万元，A 国、B 国均实行属人兼属地税收管辖权，A、B 两国的企业所得税税率分别为 40%和 30%，A 国对境外所得实行扣除法，该公司 2019 年度境外所得应向 A 国缴纳企业所得税（　　）万元。

A. 25　　B. 46

C. 56　　D. 80

18. 契税的具体适用税率，由省、自治区、直辖市人民政府在规定的税率幅度内提出，并报（　　）备案。

A. 省、自治区、直辖市人民政府

B. 国家税务总局

C. 财政部

D. 全国人民代表大会常委会和国务院

19. 下列关于土地增值税税收优惠的说法中，错误的是（　　）。

A. 建造普通标准住宅出售，其增值额未超过扣除项目金额 20%的，予以免税

B. 建造普通标准住宅出售，其增值额超过扣除项目金额 20%的，应就其超出部分按规定计税

C. 因国家建设需要依法征用、收回的房地产，免征土地增值税

D. 对企事业单位、社会团体以及其他组织转让旧房作为公租房房源，且增值额未超过扣除

项目金额20%的，免征土地增值税

20. 企业收取的包装物押金应计入的会计科目为（　　）。

A. “其他业务收入”　　B. “主营业务收入”

C. “其他应收款”　　D. “其他应付款”

21. 下列不适用纳税担保的情形为（　　）。

A. 欠缴税款需要出境的

B. 纳税上发生争议的

C. 税务机关认为有逃税行为的

D. 责令纳税人限期缴纳税款，逾期仍未缴纳的

22. 某增值税一般纳税人将购进的一批货物分配给投资者，下列税务处理中，正确的是（　　）。

A. 该批货物视同销售计算销项税额，但不得抵扣其进项税额

B. 该批货物不计算销项税额，但可以抵扣其进项税额

C. 该批货物不计算销项税额，不得抵扣该批货物的进项税额

D. 该批货物视同销售计算销项税额，其进项税额符合条件的可以抵扣

23. 境内某单位将船舶出租到境外的，相应车船的车船税应（　　）。

A. 不征收

B. 减半征收

C. 正常征收

D. 省人民政府根据当地实际情况决定是否征收

24. 下列支出中，不属于转移支付支出的是（　　）。

A. 补助支出　　B. 工资支出

C. 捐赠支出　　D. 债务利息支出

25. 下列采用资源税幅度比例税率的为（　　）。

A. 原油　　B. 天然气

C. 金　　D. 中重稀土

26. 非正常损失的购进货物及相关的应税劳务，其进项税额不得从销项税额中抵扣，其中非正常损失是指（　　）。

A. 合理损失

B. 自然灾害损失

C. 购进货物滞销过期报废损失

D. 因管理不善造成被盗、丢失、霉烂变质的损失

27. 关于公债调节作用的说法，错误的是（　　）。

A. 公债可以调节国民收入的使用结构

B. 公债可以调节产业结构

C. 公债可以调节资金供求和货币流通

D. 公债可以调节居民个人收入

28. 部门预算编制首先要保证基本支出需要，体现的原则是（　　）。

A. 合法性原则　　B. 科学性原则

C. 稳妥性原则　　D. 重点性原则

29. 月末应将“应交税费——预缴增值税”科目转入（　　）科目。

A. “未交增值税”　　B. “应交增值税”

C. “已交税金”　　D. “已交增值税”

30. 当社会总供给大于总需求时，政府预算的调控手段是（　　）。

A. 减少税收、增加支出的赤字政策　　B. 收入与支出平衡的中性政策

C. 增加收费、减少税收的收入政策　　D. 紧缩支出、增加税收的盈余政策

31. 甲国某居民有来源于乙国的所得100万元，甲、乙两国的所得税税率分别为25%、30%，但乙国对外国居民来源于本国的所得实行20%的优惠税率，甲国采用分国限额抵免法消除国际重复征税并承诺给予税收饶让，这样甲国对该居民的这笔境外所得应征所得税为（　　）万元。

A. 25.00　　B. 5.00

C. 5.75　　D. 0

32. 某化妆品厂受托加工一批化妆品，委托方提供原材料成本30 000元，该厂收取加工费10 000元、代垫辅助材料款5 000元，该厂没有同类化妆品销售价格。该厂应代收代缴消费税（　　）元。（以上款项均不含增值税）

A. 6 142.86　　B. 7 941.18

C. 8 142.86　　D. 9 250.98

33. 人口不断增长，但没有任何人会因此减少其所享受的公共物品的效用，这是公共物品的（　　）特征。

A. 提供目的的非营利性　　B. 受益的非排他性

C. 效用的不可分割性　　D. 取得方式的非竞争性

34. 下列财政支出的分类中，不属于按财政支出在社会再生产中的作用划分的类型是（　　）。

A. 补偿性支出　　B. 创造性支出

C. 消费性支出　　D. 积累性支出

35. 下列货物适用9%税率的为（　　）。

A. 报纸　　B. 淀粉

C. 电力　　D. 汽车

36. 下列关于社会保障制度的说法中，错误的是（　　）。

A. 社会保障制度与税收共同调节社会成员的收入水平

B. 社会保障制度可以弥补市场经济的缺陷

C. 社会保障制度不可以弥补商业保险的局限

D. 社会保障制度具有“内在稳定器”的作用

37. 在一定期间内，对纳税人的某些所得项目或所得来源不予征税，或对其某些活动不列入征税范围等，以减轻其税收负担，这种方式是（　　）。

A. 纳税扣除　　B. 税收豁免

C. 税收抵免　　D. 盈亏相抵

38. 一般情况下，居民企业的纳税地点为（　　）。

A. 登记注册地　　B. 机构场所所在地

C. 经营活动所在地　　D. 实际管理机构所在地

39. 下列关于税收的税法中，错误的是（　　）。

A. 税收的取得具有强制性和无偿性

B. 税收分配的目的是满足特定群体的需要

C. 行使征税权的主体是国家

D. 税收的本质体现了国家与纳税人在征税、纳税和利益分配上的一种特殊关系

40. 以旧换新冰箱确定销售额的标准为（　　）。

A. 重新确定冰箱的销售额　　B. 新冰箱的销售额

C. 旧冰箱的销售额　　D. 实际收取的冰箱不含税价款

41. 以下属于税额式减免的是（　　）。

A. 减半征收　　B. 跨期结转

C. 减征额　　D. 免征额

42. 纳税人采用以旧换新方式销售金银首饰，增值税的计税依据是（　　）。

A. 同类新金银首饰的不含税销售价格

B. 实际收取的含增值税的全部价款

C. 实际收取的不含增值税的全部价款

D. 同期新金银首饰的含税销售价格

43. 按照财政赤字的出现和经济周期的关系，可将其分为（　　）。

A. 周期性赤字和非周期性赤字

B. 充分就业赤字和非充分就业赤字

C. 充分就业赤字和结构性赤字

D. 结构性赤字和周期性赤字

44. 非居民个人在中国境内从两处以上取得工资、薪金所得的，应当在取得所得的（　　）内，向其中一处任职、受雇单位所在地主管税务机关办理纳税申报。

A. 当月 10 日　　B. 当月 15 日

C. 次月 10 日　　D. 次月 15 日

45. 销售商品收入确认的条件不包括（　　）。

A. 企业已将商品所有权的风险和报酬转移给了购货方

B. 收入的金额能够可靠计量

C. 相关的成本能够可靠核算

D. 已收到购货方支付的货款

46. 定额定价和从量定价相结合的定价体系为（　　）。

A. 平均成本定价法　　B. 二部定价法

C. 负荷定价法　　D. 公共定价法

47. 甲化工厂是环境保护税纳税人，该厂只有一个污水口排放且直接向黄河排放污水，已安装使用符合国家固定和监测规范的污染物自动监测设备。2020 年 5 月，该排放口共排放污水 8 万吨，应税污染物当量为 1 000，该厂应纳环境保护税为（　　）元。（该厂所在省的水污染物税率为 5 元/污染当量）

A. 1 000　　B. 5 000

C. 80 000　　D. 400 000

48. 增值税专用发票由（　　）确定的企业印制。

A. 国务院税务主管部门　　B. 审计机关

C. 财政部门　　D. 工商部门

49. 对一些无完整考核依据的纳税人，一般采用的税款征收方式是（　　）。

A. 代扣代缴　　B. 查账征收

C. 查定征收　　D. 定期定额征收

50. 纳税人超过应纳税额缴纳的税款，税务机关发现后应当立即退还；纳税人自结算缴纳税款之日起（　　）年内发现的，可以向税务机关要求退还多缴的税款并加算银行同期存款利息，税务机关及时查实后应当立即退还。

A. 1　　B. 3

C. 5　　D. 6

51. 下列凭证中，属于自制原始凭证的是（　　）。

A. 进货发票　　B. 差旅费报销单

C. 运费发票　　D. 进账单

52. 甲公司（增值税一般纳税人）2020 年 8 月从小规模纳税人处购进一批原材料，取得增值税普通发票，发票上注明价款 113 000 元，货款通过银行转账支付，其正确的账务处理为（　　）。

A. 借：原材料　　113 000

　　贷：银行存款　　113 000

B. 借：原材料　　100 000

　　应交税费——应交增值税（进项税额）　　13 000

　　贷：银行存款　　113 000

C. 借：原材料　　109 490

　　应交税费——应交增值税（进项税额）　　3 510

　　贷：银行存款　　113 000

D. 借：原材料　　113 000

　　贷：应付账款　　113 000

53. 制造产品所耗用的直接材料费用，应记入的会计账户为（　　）。

A. “生产成本——基本生产成本”　　B. “生产成本——辅助生产成本”

C. “制造费用”　　D. “管理费用”

54. 对于大量大批的多步骤生产企业，计算产品成本时主要采用的方法为（　　）。

A. 品种法　　B. 分批法

C. 分步法　　D. 综合法

55. 下列关于纳税检查的说法中，错误的是（　　）。

A. 纳税检查的对象是纳税人所从事的经济活动和各种应税行为

B. 纳税检查的客体包括纳税担保人

C. 纳税检查的主体是税务师事务所

D. 纳税检查的依据是国家的各种税收法规、会计法规和企业财务制度

56. 假设上年财政支出为300亿元，本年财政支出为325亿元，上年GDP为1 000亿元，本年GDP为1 065亿元，则财政支出增长边际倾向为（　　）。

A. 0.385　　B. 2.600

C. 1.282　　D. 0.305

57. 下列项目中，不得从增值税销项税额中抵扣进项税额的是（　　）。

A. 购进的贷款服务

B. 购进国内旅客运输服务，取得增值税电子普通发票

C. 购进农产品，取得增值税专用发票

D. 从海关取得的海关进口增值税专用缴款书上注明的增值税税额

58. 下列关于政府债务预算处理的说法，错误的是（　　）。

A. 目前，我国对于政府债务没有编制单独的预算

B. 目前我国按照政府所发债务的性质，分别列入一般公共预算和政府性基金预算

C. 中央政府债务不仅可以用于建设投资，也可以用于弥补一般公共预算支出

D. 地方政府可以通过多种形式举借债务

59. 现代国库管理的基本制度是（　　）。

A. 财政收入的收纳制度　　B. 财政收入的划分和报解办法

C. 库款的支拨程序　　D. 国库的集中收付管理

60. 适于划归地方政府的税种有（　　）。

A. 税源分布较分散的税种

B. 税基流动性大的税种

C. 与收入再分配有关的税种

D. 与在各地区间分布不均的自然资源相关的税种

二、多项选择题（共20题，每题2分。每题的备选项中，有2个或2个以上符合题意，至少有1个错项。错选，本题不得分；少选，所选的每个选项得0.5分）

61. 政府干预失效的原因及表现主要有（　　）。

A. 政府决策失误　　B. 寻租行为

C. 政府提供信息不及时甚至失真　　D. 政府职能的“越位”和“缺位”

E. 立法和行政手段

62. 甲企业与乙企业签订货物购销合同，丙企业为合同担保人，丁企业为中间人，戊企业为保证人，则该购销合同印花税纳税人为（　　）。

A. 甲企业　　B. 乙企业

C. 丙企业　　D. 丁企业

E. 戊企业

63. 下列选项中，属于公债偿还来源的有（　　）。

A. 通过预算安排　　B. 设置偿债基金

C. 举借新债　　D. 政府资金

E. 行政收费

64. 下列关于《中华人民共和国税收征收管理法》对税款追征制度的说法中，正确的有（　　）。

A. 对偷税行为，税务机关可以无限期追征

B. 因纳税人失误造成未缴或少缴税款的，追征期一般为 5 年

C. 因纳税人计算错误造成少缴税款的，追征期一般为 3 年

D. 因纳税人责任致使纳税人未缴或少缴税款的，追征期为 5 年，不加收滞纳金

E. 因税务机关责任，造成未缴或少缴税款的，税务机关有权追征税款和滞纳金

65. 自 2020 年 3 月 1 日起，增值税一般纳税人取得 2017 年 1 月 1 日及以后开具的（　　），取消认证确认、稽核比对、申报抵扣的期限。

A. 增值税专用发票
B. 海关进口增值税专用缴款书
C. 机动车销售统一发票
D. 收费公路通行费增值税电子普通发票
E. 增值税普通发票

66. 下列财政补贴中，属于流通环节的有（　　）。

A. 农副产品价格补贴
B. 职工副食品补贴
C. 税收支出
D. 外贸企业的政策性亏损补贴
E. 财政贴息

67. 最早实行复式预算的国家有（　　）。

A. 丹麦
B. 印度
C. 瑞典
D. 英国
E. 法国

68. 下列选项中，既适用比例税率又适用定额税率的有（　　）。

A. 白酒
B. 小汽车
C. 啤酒
D. 雪茄烟
E. 甲类卷烟

69. 根据企业所得税法，下列判断来源于中国境内、境外的所得的原则中，正确的有（　　）。

A. 销售货物所得，按照生产货物所在地确定

B. 提供劳务所得，按照劳务发生地确定

C. 股息所得，按照被投资企业所在地确定

D. 利息所得，按照负担、支付所得的企业或者机构、场所所在地确定

E. 不动产转让所得，按照不动产所在地确定

70. 政府预算的政治决策程序的强制性主要表现在（　　）。

A. 预算标准的强制性
B. 偏好表达的强制性
C. 投票规则的强制性
D. 政策意志的强制性
E. 决策结果的强制性

71. 根据企业所得税法，符合条件的非营利组织的收入为免税收入，这些收入包括（　　）。

A. 接受个人捐赠的收入

B. 税法规定的财政拨款

C. 向政府提供服务取得的收入

D. 不征税收入孳生的银行存款利息收入

E. 按照省级以上民政、财政部门规定收取的会费

72. 关于税务机关实施税收强制执行措施的说法，正确的有（　　）。

A. 税收强制执行措施仅限于从事生产、经营的纳税人

B. 在执行税收强制执行措施时，对纳税人未缴纳的滞纳金可以同时强制执行

C. 冻结纳税人的存款时，其数额要以相当于纳税人应纳税款的数额为限

D. 个人及其扶养家属维持生活必需的住房和用品，不在税收强制执行措施范围之内

E. 税务机关对单价 5 000 元以下的其他生活用品不在税收强制执行措施范围之内

73. 下列关于关税制度的说法中，正确的有（　　）。

A. CFR 是“到岸价格”的简称

B. 无商业价值的货样免征关税

C. FOB 是“成本加运费”的价格的简称

D. 进口货物完税价格的确定首先应按相同货物成交价格估算

E. CIF 是“成本加运费、保险费”的价格的简称，又称到岸价格

74. 增值税的销售额为纳税人销售货物或提供应税劳务向购买方取得的全部价款和价外费用。下列属于价外费用的有（　　）。

A. 向购买方收取的增值税税款　　B. 向购买方收取的手续费

C. 向购买方收取的包装费　　D. 向购买方收取的储备费

E. 向购买方收取的优质费

75. 按照现行个人所得税法的规定，下列所得项目中实行超额累进税率的所得项目有（　　）。

A. 偶然所得　　B. 工资、薪金所得

C. 经营所得　　D. 劳务报酬所得

E. 利息、股息、红利所得

76. 下列关于烟叶税的说法，错误的有（　　）。

A. 烟叶税的税率为 10%

B. 烟叶税的计税依据为收购价款和价外补贴

C. 价外补贴按照收购价款的 20% 计算

D. 烟叶税的纳税人为收购烟叶的单位和个人

E. 烟叶税的纳税地点为烟叶收购地的主管税务机关

77. 下列关于税收本质和职能的说法，正确的有（　　）。

A. 行使征收权的主体是国家

B. 税收的本质是由税收的职能决定的

C. 经济职能又称调节职能

D. 税收首要和基本的职能为经济职能

E. 财政职能也称收入职能

78. 下列属于中央税的有（　　）。

A. 税基流动性小的税种

B. 与稳定国民经济有关的税种

C. 与收入再分配有关的税种

D. 与自然资源有关的且地区间分布不均匀的税种

E. 税源分布较广的税种

79. 下列选项中，属于财政政策目标的有（　　）。

A. 经济快速增长　　B. 物价基本稳定

C. 收入公平分配　　D. 完全就业

E. 国际收支平衡

80. 一般来讲，财政赤字的排挤效应是否明显主要受（　　）的制约。

A. 货币供给对利率的弹性大小　　B. 货币需求对利率的弹性大小

C. 投资规模　　D. 投资对利率的弹性大小

E. 私人投资的有效性

三、案例分析题（共20题，每题2分，由单选和多选组成。错选，本题不得分；少选，所选的每个选项得0.5分）

（一）

某工业企业为增值税一般纳税人，生产销售机床，适用13%的增值税税率，2019年12月发生下列业务：

（1）购进原材料一批，取得增值税专用发票注明的价款为40万元，增值税税额为5.2万元，材料已经验收入库，款项尚未支付。

（2）购进低值易耗品一批，取得增值税专用发票注明的价款为5万元，增值税税额为0.65万元，款项已经支付，低值易耗品尚未验收入库。

（3）销售机床给甲公司，开出增值税专用发票，价款为90万元，税款为11.7万元，同时收取包装物押金3.39万元。

（4）将产品投资入股20万元（成本价），该企业没有同类产品售价，适用成本利润率为10%。

（5）销售2010年1月购入的一台设备，取得全部销售收入2.26万元。

（6）该企业附设一非独立核算的维修部，取得产品维修费全部收入1.13万元。

根据以上资料，回答下列问题：

81. 本月销售给甲公司的机床应计提增值税销项税额（　　）元。

A. 51 000　　B. 117 000

C. 158 100　　D. 158 967

82. 本月允许抵扣的增值税进项税额为（　　）元。

A. 64 000　　B. 68 000

C. 58 500　　D. 85 000

83. 视同销售的投资入股产品的增值税计税价格为（　　）元。

A. 20 000　　B. 220 000

C. 240 000　　D. 260 000

84. 销售设备应计提增值税销项税额（　　）元。

A. 450　　B. 681

C. 900　　D. 2 600

85. 本月应缴纳增值税（　　）元。

A. 113 900.00　　B. 114 354.37

C. 117 300.00　　D. 91 000.00

（二）

甲厂为增值税一般纳税人，主要经营实木地板的生产，2020年5月发生下列业务：

(1) 委托乙厂加工一批白坯板，甲厂提供的原木成本为 1 000 万元，取得的增值税专用发票上注明加工费 400 万元，增值税税额为 52 万元。甲厂收回白坯板后全部直接对外销售。

(2) 采取分期收款方式销售一批实木地板，合同约定不含税销售额合计 1 500 万元，本月按合同约定收取 40%货款，其余货款下月 20 日收取。

(3) 外购一批实木素板，取得的增值税专用发票上注明的价款为 1 000 万元，增值税税额为 130 万元。本月期初库存外购素板金额为 500 万元，期末库存外购素板金额为 200 万元，当期领用素板用于加工装饰地板。

(4) 自产一批 A 型实木地板，赠送给相关的关联单位，已知其生产成本为 100 万元。

(5) 进口一批 B 型实木地板，核定的关税完税价格为 300 万元，关税税率为 10%。

已知：实木地板消费税税率为 5%，成本利润率为 10%。

根据以上资料，回答下列问题：

86. 业务 (1) 中，乙厂应代收代缴的消费税税额为（　　）万元。

A. 0　　B. 50.25

C. 73.68　　D. 70.00

87. 该厂业务 (2) 中 5 月份应确认的消费税税额为（　　）万元。

A. 0　　B. 30

C. 45　　D. 75

88. 业务 (3) 中该厂外购实木地板准予抵扣的消费税税额为（　　）万元。

A. 25　　B. 50

C. 65　　D. 75

89. 业务 (4) 中应确认的消费税税额为（　　）万元。

A. 1.20　　B. 2.45

C. 3.68　　D. 5.79

90. 业务 (5) 中应确认的消费税税额为（　　）万元。

A. 0　　B. 12.54

C. 16.89　　D. 17.37

(三)

一家位于北京市的国家重点扶持的高新技术企业，2020 年全年取得营业收入 3 000 万元。2020 年发生的部分业务如下：

(1) 当年发生的合理的工资、薪金 500 万元，含向本企业安置的 15 名残疾人员支付的工资、薪金 50 万元。

(2) 发生职工福利费支出 90 万元，职工教育经费 60 万元。

(3) 发生广告费支出 300 万元，业务宣传费 200 万元。

(4) 发生与生产经营业务相关的业务招待费支出 80 万元。

(5) 为销售部的高层人员向商业保险机构投保人寿保险，共支出 5 万元。

(6) 取得国债利息收入 10 万元。

(7) 直接对某希望小学捐赠支出 5 万元。

根据以上资料，回答下列问题：

91. 该企业 2020 年允许税前扣除的工资、薪金总额为（　　）万元。

A. 500　　B. 550

C. 600　　D. 650

92. 该企业 2020 年允许税前扣除的职工教育经费和职工福利费为（　　）万元。

A. 82.5　　B. 97.5

C. 100.0　　D. 110.0

93. 该企业 2020 年发生的广告费和业务宣传费不准予税前扣除的金额为（　　）万元。

A. 50　　B. 200

C. 450　　D. 500

94. 该企业 2020 年发生业务招待费支出不可税前扣除的金额为（　　）万元。

A. 15　　B. 48

C. 65　　D. 80

95. 下列关于该企业的相关内容的说法，正确的是（　　）。

A. 该企业的适用税率为 25%

B. 该企业为销售部高层人员投的商业保险支出可以税前扣除

C. 该企业取得的国债利息收入需要征收企业所得税

D. 该企业直接对某希望小学的支出不得税前扣除

（四）

某贸易公司 2020 年 2 月发生以下业务：

（1）进口 4 辆排气量为 1.8L 的小轿车，关税完税价格为 20 万元/辆，该公司将其中一辆用于公司经营，两辆用于奖励职工，当月销售了另外一辆，销售时开具专票注明价款为 35 万元。已知该类型小轿车进口关税税率为 25%，消费税税率为 5%。

（2）向自然人王某销售一辆排气量为 1.5L 的小轿车，收取含税价款为 22.6 万元，并开具机动车销售统一发票。

根据以上资料，回答下列问题：

96. 关于业务（1）中车辆购置税征管的说法，正确的是（　　）。

A. 当月销售的小轿车应由贸易公司缴纳车辆购置税

B. 当月进口自用的小轿车应由贸易公司缴纳车辆购置税

C. 当月奖励职工的小轿车应由贸易公司缴纳车辆购置税

D. 当月进口自用的小轿车应由海关进行征收

97. 业务（1）进口自用小轿车车辆购置税的计税价格为（　　）万元。

A. 26.32　　B. 35.00

C. 25.00　　D. 26.00

98. 下列关于业务（2）中车辆购置税征管的说法，正确的是（　　）。

A. 纳税地点为车辆登记地的主管税务机关

B. 纳税地点为王某户籍所在地的税务主管机关

C. 王某向交管部门办理车辆注册登记前，缴纳车辆购置税

D. 纳税地点为该贸易公司所在地税务机关

99. 王某应自购置应税车辆的一定期限内缴纳车辆购置税，该期限为（　　）日。

A. 30　　B. 15

C. 45　　D. 60

100. 王某应该缴纳的车辆购置税为（　　）元。

A. 22 939　　B. 22 600

C. 20 300　　D. 20 000

参考答案及解析

一、单项选择题

1.B【解析】充分就业是政府进行宏观经济调控的首要目标。

2.D【解析】交通运输服务包括陆路运输服务（铁路运输服务和其他陆路运输服务）、水路运输服务（水路运输的程租和期租业务）、航空运输服务（航天运输服务和航空运输的湿租业务）、管道运输服务。选项D，物流辅助服务属于现代服务。

3.D【解析】连续发行方式，即发行主体不预先确定发行条件，而是委托发行网点和代理销售机构相机确定，且可随时调整发行条件，调节发行流量。

4.A【解析】2019年10月1日至2021年12月31日，允许生活性服务业纳税人按照当期可抵扣进项税额加计15%，抵减应纳税额。（该知识点在新教材中修改为：生活性服务业纳税人应按照当期可抵扣进项税额的10%计提当期加计抵减额）

5.B【解析】“成本—效益”分析法适用于投资性支出项目、有直接经济效益的支出项目的分析。

6.D【解析】房地产开发企业采取预收款方式销售所开发的房地产项目，在收到预收款时按照3%的预征率预缴增值税。

7.A【解析】委托加工的应税消费品是指由委托方提供原料和主要材料，受托方只收取加工费和代垫部分辅助材料进行加工的应税消费品。

8.D【解析】符合条件的小型微利企业，减按20%的税率征收企业所得税。符合条件的小型微利企业是指从事国家非限制和禁止行业，且同时符合年度应纳税所得额不超过300万元、从业人数不超过300人、资产总额不超过5 000万元等3个条件的企业。自2019年1月1日至2021年12月31日，对小型微利企业年应纳税所得额不超过100万元的部分，减按25%计入应纳税所得额，按20%的税率缴纳企业所得税；对年应纳税所得额超过100万元但不超过300万元的部分，减按50%计入应纳税所得额，按20%的税率缴纳企业所得税。故该企业应缴纳企业所得税＝｛100×25%＋［（1 000－800）－100］×50%｝×20%＝15（万元）。（此知识点在新教材中政策有更新，即：自2021年1月1日至2022年12月31日，对小型微利企业年应纳税所得额不超过100万元的部分，减按12.5%计入应纳税所得额，按20%的税率缴纳企业所得税。自2022年1月1日至2024年12月31日，对年应纳税所得额超过100万元但不超过300万元的部分，减按25%计入应纳税所得额，按20%的税率缴纳企业所得税）

9.B【解析】社会救助的具体内容包括：①对无依无靠的绝对贫困者提供的基本的保障（农村的“五保户”）；②对生活水平低于国家最低标准的家庭和个人的最低生活提供保障；③对因天灾而陷于绝境的家庭和个人提供的最低生活保障。（该知识点在新教材中已删除）

10.D【解析】要想保障政府间财政关系成功运行，实现激励相容，必须满足以下条件：①地方政府自治条件；②共同市场条件；③预算硬约束条件；④权力制度化条件。

11.D【解析】采用红字冲销法，先用红字冲销原错误的会计分录，再用蓝字重新编制正确的会计分录，重新登记账簿。适用于用错会计科目或者会计科目正确但核算金额大于应计金额的情况。本题中，账务处理属于会计科目运用正确，但金额错误，多记54 000元。应做的账务调整为：

借：生产成本　　　　54 000（红字）

　贷：原材料　　　　54 000（红字）

12. C【解析】按相关规定，财政部门将一般公共预算的超收收入（除用于冲减赤字外）、结余资金，用于补充预算稳定调节基金。合理控制预算稳定调节基金规模，预算稳定调节基金在编制年度预算调入使用后的规模一般不超过当年本级一般公共预算支出总额（含对下级转移支付）的5%。

13. A【解析】计税依据是计算应纳税额所依据的标准，即根据什么来计算纳税人应缴纳的税额，选项A错误。

14. A【解析】政府预算决策的对象是公共偏好。

15. A【解析】直接隐性债务主要是社会保障资金缺口所形成的债务，目前随着我国老龄化社会的形成，养老保险资金的缺口是较为严重的问题。

16. A【解析】功能财政预算政策的核心内容是要说明政府不必局限于预算收支之间的对比关系，保持预算收支的平衡，重要的是要为保持国民经济整体的平衡，采用相机抉择方式来实现政策目标。

17. C【解析】扣除法即居住国政府对其居民取得的国内外所得汇总征税时，允许居民将其在国外已纳的所得税视为费用在应纳税所得中予以扣除，就扣除后的部分征税。所以该公司2019年度境外所得应向A国缴纳的企业所得税＝（200－200×30%）×40%＝56（万元）。

18. D【解析】契税的具体适用税率，由省、自治区、直辖市人民政府在规定的税率幅度内提出，报同级人民代表大会常务委员会决定，并报全国人民代表大会常务委员会和国务院备案。

19. B【解析】建造普通标准住宅出售，其增值额未超过扣除项目金额20%的，予以免税；增值额超过扣除项目金额20%的，应就其全部增值额按规定计税。

20. D【解析】在将包装物押金并入销售额征税时，需要先将该押金换算为不含税价，再并入销售额征税，通过“其他应付款——包装物押金”科目的贷方发生额计算。

21. D【解析】纳税担保的适用对象：①税务机关有根据认为从事生产、经营的纳税人有逃避纳税义务行为的；②欠缴税款的纳税人需要出境的；③纳税人同税务机关在纳税上发生争议而未缴清税款，需要申请行政复议的；④法律、法规规定可以提供纳税担保的其他情形。

22. D【解析】某增值税一般纳税人将购进的一批货物分配给投资者，视同销售行为，需要计算销项税额，其进项税额符合条件的也可以进行抵扣。

23. C【解析】境内单位和个人租入外国籍船舶的，不征收车船税。境内单位和个人将船舶出租到境外的，应依法征收车船税。

24. B【解析】我国转移支付的特点是单方面的、无偿的支出，主要包括补助支出、捐赠支出和债务利息支出。

25. C【解析】现行资源税实行固定比例税率、幅度比例税率和定额税率。选项C，金为幅度比例税率，使用税率为2%～6%。

26. D【解析】非正常损失是指因管理不善造成被盗、丢失、霉烂变质的损失，以及因违反法律法规造成货物或不动产被依法没收、毁损、拆除的情形。

27. D【解析】公债的调节作用主要表现在：①公债可以调节国民收入的使用结构；②公债可以调节产业结构；③公债可以调节资金供求和货币流通。

28. D【解析】部门预算原则中的重点性原则：部门预算要做到合理安排各项资金，在兼顾一般的同时，优先保证重点支出。根据重点性原则，要先保证基本支出，后安排项目支出；先重点、急需项目，后一般项目。

29. A【解析】月份终了，将当月预缴的增值税额自“应交税费——预交增值税”科目转入“未交增值税”科目。

30. A【解析】社会总供给大于社会总需求时，实行国家预算支出大于收入的赤字政策进行调节（扩张性财政政策，刺激需求）。

31. D【解析】税收饶让是居住国政府对其居民在国外得到的所得税减免优惠的部分，视同在国外实际缴纳的税款给予税收抵免，不再按居住国税法规定的税率进行补征。该居民的乙国所得视同缴纳税款为100×30%=30（万元），抵免限额为100×25%=25（万元），因此，甲国对该居民的这笔境外所得应征所得税款为0。

32. B【解析】委托加工应税消费品没有同类消费品销售价格的，应纳税额=组成计税价格×消费税比例税率，组成计税价格=（材料成本+加工费）/（1−消费税税率），所以该厂应代收代缴消费税=（30 000+10 000+5 000）/（1−15%）×15%≈7 941.18（元）。

33. D【解析】某个人或者集团对公共物品的享用，不排斥或妨碍其他个人或集团同时享用，消费者的增加不引起生产成本的增加，即增加一个消费者，边际成本为零，如国防的提供体现的即是公共物品的取得方式的非竞争性这一特征。

34. B【解析】按财政支出在社会再生产中的作用分类，财政支出可以分为补偿性支出、消费性支出和积累性支出。

35. A【解析】图书、报纸、杂志、音像制品、电子出版物等增值税税率为9%。

36. C【解析】社会保障制度可以弥补商业保险的局限，选项C错误。

37. B【解析】税收豁免是指在一定期间内，对纳税人的某些所得项目或所得来源不予征税，或对其某些活动不列入征税范围等，以减轻其税收负担。

38. A【解析】除税收法律、行政法规另有规定外，居民企业以企业登记注册地为纳税地点。

39. B【解析】税收分配的目的是实现国家职能服务，主要是为了满足社会公共的需要，选项B错误。

40. B【解析】以旧换新金银首饰，按实际收取的不含税价款确定销售额；以旧换新金银首饰以外的物品，按新货物的同期销售价格确定销售额。

41. A【解析】税额式减免是通过直接减少应纳税额的方式实现的减税免税，具体包括全部免征、减半征收、核定减免率以及另定减征税额等。

42. C【解析】纳税人采取以旧换新方式销售货物的（金银首饰除外），应按新货物的同期销售价格确定销售额。金银首饰应按实际收取的不含增值税价款征收增值税。

43. D【解析】按照赤字的出现和经济周期的关系，可将其分为充分就业赤字和周期性赤字。在经济实现充分就业目标的前提下，仍然存在的赤字称为充分就业赤字或结构性赤字。

44. D【解析】非居民个人在中国境内从两处以上取得工资、薪金所得的，应当在取得所得的次月15日内，向其中一处任职、受雇单位所在地主管税务机关办理纳税申报。

45. D【解析】企业销售货物同时满足下列条件的，应确认收入的实现：①货物销售合同已经签订，企业已将货物所有权相关的主要风险和报酬转移给购货方；②企业对已售出的货物既没有保留通常与所有权相联系的继续管理权，也没有实施有效控制；③收入的金额能够可靠地计量；④已发生或将发生的销售方成本能够可靠地核算。

46. B【解析】公共定价法的一般方法包括平均成本定价法、二部定价法和负荷定价法。其中，二部定价是定额定价和从量定价相结合的定价体系，选项 B 正确。

47. B【解析】应税水污染物按照污染物排放量折合的污染当量数确定，应纳税额＝污染当量数×适用税额＝1 000×5＝5 000（元）。

48. A【解析】增值税专用发票由国务院税务主管部门确定的企业印制。

49. D【解析】对一些无完整考核依据的纳税人，一般采用定期定额征收方式。

50. B【解析】纳税人超过应纳税额缴纳的税款，税务机关发现后应当立即退还；纳税人自结算缴纳税款之日起 3 年内发现的，可以向税务机关要求退还多缴的税款并加算银行同期存款利息，税务机关及时查实后应当立即退还；涉及从国库中退库的，依照法律、行政法规有关国库管理的规定退还。

51. B【解析】原始凭证包括自制原始凭证和外来原始凭证。自制原始凭证包括：①对外自制凭证：现金收据、实物收据；②对内自制凭证：收料单、领料单、支出证明单、差旅费报销单、成本计算单。外来原始凭证包括进货发票、进账单、汇款单、运费发票。

52. A【解析】从小规模纳税人处购进原材料，开具的是普通发票，不同于增值税专用发票，不能抵扣进项税额，发票上的价款需全部计入原材料之中。

53. A【解析】直接材料归集遵循的原则如下：①属于制造产品耗用的直接材料费用，直接记入"生产成本——基本生产成本"科目；②属于辅助生产车间为进行产品或劳务生产而耗用的直接材料费用，直接记入"生产成本——辅助生产成本"科目；③属于几种产品共同耗用的直接材料费用，记入"生产成本——基本生产成本"科目或"生产成本——辅助生产成本"科目。

54. C【解析】品种法适用于大量大批的单步骤生产企业（生产成本计入完工产品成本）；分批法适用于单件、小批生产的企业；分步法适用于大量大批的多步骤生产企业。

55. C【解析】纳税检查的主体是税务机关，而非税务师事务所，选项 C 错误。

56. A【解析】财政支出增长边际倾向＝财政支出增长额/GDP 增长额＝（325－300）/（1 065－1 000）≈0.385。

57. A【解析】购进的贷款服务、餐饮服务、居民日常服务和娱乐服务不得从销项税额中抵扣进项税额。

58. D【解析】我国《预算法》在允许地方政府举借债务的前提下做了严格的限制性规定。一是限制主体。明确举债主体为经国务院批准的省、自治区、直辖市。二是限制范围。明确经国务院批准的省级政府预算中必需的建设投资的部分资金，可以通过举债的方式筹措。这里讲的"预算"并不仅限于一般公共预算，还包括政府性基金预算。三是限制方式。明确举债方式只限于发行地方政府债券（包括一般公共预算中举借的一般债务和政府性基金预算中举借的专项债务），除此之外，地方政府不得以其他任何方式举债。因此选项 D 错误。

59. D【解析】国库集中收付管理是现代国库管理的基本制度。

60. A【解析】税源分布较分散的税种适于划归地方政府的税种，选项 A 正确。

二、多项选择题

61. ABCD【解析】政府干预失效的原因和表现主要包括：①政府决策失误；②寻租行为；③政府提供信息不及时甚至失真；④政府职能的“越位”和“缺位”。

62. AB【解析】凡在我国境内书立、领受属于征税范围内所列应税经济凭证的单位和个人，都是印花税的纳税人。所称单位和个人，包括各类企业、事业、机关、团体、部队，以及中外合资经营企业、合作经营企业、外资企业、外国公司企业和其他经济组织及其在华机构等单位和个人。按照征税项目划分的具体纳税人是：立合同人、立账簿人、立据人、领受人和使用人。(此知识点在新教材中更新为：凡在我国境内书立应税凭证、进行证券交易的单位和个人，都是印花税的纳税人。书立应税凭证的纳税人，为对应凭证有直接权利义务关系的单位和个人)

63. ABC【解析】各国政府用于偿还公债的资金来源主要有：①通过预算安排；②设置偿债基金；③举借新债。

64. AC【解析】因税务机关的责任，致使纳税人、扣缴义务人未缴或者少缴税款的，税务机关在3年内可以要求纳税人、扣缴义务人补缴税款，但是不得加收滞纳金（选项E错误）。因纳税人、扣缴义务人计算错误等失误，未缴或者少缴税款的，税务机关在3年内可追征税款、滞纳金；特殊情况的，追征期可以延长到5年（选项B、D错误，选项C正确）；对偷税、抗税、骗税的，税务机关追征其未缴或者少缴的税款、滞纳金或者所骗取的税款，不受规定期限的限制（选项A正确）。

65. ABCD【解析】自2020年3月1日起，增值税一般纳税人取得2017年1月1日及以后开具的增值税专用发票、海关进口增值税专用缴款书、机动车销售统一发票、收费公路通行费增值税电子普通发票，取消认证确认、稽核比对、申报抵扣的期限。纳税人在进行增值税纳税申报时，应当通过各省（自治区、直辖市和计划单列市）增值税发票综合服务平台对上述扣税凭证信息进行用途确认。

66. AD【解析】属于流通环节的补贴主要有农副产品价格补贴、商业和外贸企业的政策性亏损补贴等。

67. AC【解析】最早实行复式预算的国家是丹麦、瑞典。

68. AE【解析】既适用比例税率又适用定额税率的有甲类卷烟、乙类卷烟、白酒。

69. BDE【解析】销售货物所得，按照交易活动发生地确定，选项A错误。股息、红利等权益性投资所得，按照分配所得的企业所在地确定，选项C错误。

70. BCDE【解析】政府预算的政治决策程序的强制性主要表现在：①偏好表达的强制性；②投票规则的强制性；③政策意志的强制性；④决策结果的强制性。

71. ADE【解析】符合条件的非营利组织的收入包括：①接受其他单位或者个人捐赠的收入，选项A正确；②除税法规定的财政拨款以外的其他政府补助收入，但不包括因政府购买服务取得的收入；③按照省级以上民政、财政部门规定收取的会费，选项E正确；④不征税收入和免税收入孳生的银行存款利息收入，选项D正确；⑤财政部、国家税务总局规定的其他收入。选项B，财政拨款是不征税收入，选项C，向政府提供服务取得的收入是应税收入。

72. BDE【解析】税收强制执行措施适用范围包括未按照规定的期限缴纳或者解缴税款，经责令限期缴纳，逾期仍未缴纳的从事生产、经营的纳税人、扣缴义务人和纳税担保人，选项A错误。选项C属于税收保全措施的内容，不符合题意。

73. BDE【解析】CFR 是“成本加运费”的价格术语简称，选项 A 错误。FOB 是“船上交货”的价格术语简称，选项 C 错误。

74. BCDE【解析】价外费用包括价外向购买方收取的手续费、补贴、基金、集资费、返还利润、奖励费用、违约金、滞纳金、延期付款利息、赔偿金、包装费、包装物租金、储备费、优质费、运输装卸费、代收款项、代垫款项及其他各种性质的价外收费。

75. BCD【解析】工资、薪金所得，经营所得，劳务报酬所得实行超额累进税率。偶然所得，利息、股息、红利所得实行 20%的比例税率。

76. ACD【解析】烟叶税的税率为 20%，选项 A 错误。价外补贴按照收购价款的 10%计算，选项 C 错误。烟叶税的纳税人为收购烟叶的单位，选项 D 错误。

77. ACE【解析】税收的职能是由税收的本质决定的，是税收本质的体现，选项 B 错误。财政职能是税收首要和基本的职能，选项 D 错误。

78. BCD【解析】税收收入划分的具体做法：①将那些与稳定国民经济有关以及与收入再分配有关的税种，划归中央政府，如个人所得税和企业所得税，选项 B、C 正确；②将那些税基流动性大的税种划归中央政府，如个人所得税、企业所得税、增值税、销售税和遗产赠与税等；③对于那些与自然资源有关的税种（如资源税），如果在地区间分布不均匀，则应该划归中央政府，如某些自然资源在地区间分布均匀，则划归地方政府，选项 D 正确；④将进出口关税和其他收费全部划归中央政府；⑤将那些税基流动性较小的，税源分布较广的税种，如房产税、土地税、土地增值税等划归地方政府，选项 A、E 应该划归地方政府。

79. BCE【解析】财政政策的目标包括经济适度增长、物价基本稳定、收入公平分配、充分就业及国际收支平衡。

80. BD【解析】一般来讲，财政赤字的排挤效应是否明显主要受货币需求和投资对利率的弹性大小的制约。

三、案例分析题

（一）

81. B【解析】销售机床给甲公司，开具了增值税专用发票，确认的销项税额为 11.7 万元。

82. C【解析】本月允许抵扣的增值税进项税额＝（5.2＋0.65）×10 000＝58 500（元）。

83. B【解析】视同销售的投资入股产品的增值税计税价格＝200 000×（1＋10%）＝220 000（元）。

84. D【解析】设备于 2010 年 1 月购入，购入时进项税额已抵扣，2019 年 12 月出售时按照 13%的适用税率计算缴纳增值税。销售设备应计提增值税销项税额＝22 600/（1＋13%）×13%＝2 600（元）。

85. D【解析】本月应缴纳的增值税＝销项税－进项税＝（业务 3）117 000＋（业务 4）220 000×13%＋（业务 5）22 600/（1＋13%）×13%＋（业务 6）11 300/（1＋13%）×13%－58 500＝91 000（元）。

（二）

86. C【解析】该业务为委托加工形式，乙厂应代收代缴的消费税＝（材料成本＋加工费）/（1－消费税税率）×消费税税率＝（1 000＋400）/（1－5%）×5%≈73.68（万元）。

87. B【解析】该项业务采用的是分期收款方式，按照书面合同约定的收款日期的当天为纳税义务的发生日，由于本月只是确认了 40%的货款，因此应确认的消费税税额为 1 500×40%×5%＝30（万元）。

88. C【解析】外购的已税实木地板为原料生产的实木地板，按照规定购进应税消费品连续生产应税消费品，符合条件的，准予扣除外购应税消费品已纳消费税税款。甲厂当月可抵扣的消费税税额＝（500＋1 000－200）×5％＝65（万元）。

89. D【解析】自产实木地板，赠送给相关的关联单位，应视同销售，计算相应的消费税税额，由于本道题目中未给出销售额，只有生产成本，因此要按照组成计税价格公式计算，消费税税额＝100×（1＋10％）/（1－5％）×5％≈5.79（万元）。

90. D【解析】进口实木地板，需要按照规定计算相应的进口环节的消费税，应纳消费税＝（关税完税价格＋关税）/（1－消费税税率）×消费税税率＝300×（1＋10％）/（1－5％）×5％≈17.37（万元）。

（三）

91. B【解析】该企业的工资、薪金中包括向残疾职工发放的工资、薪金50万元，税法上规定企业安置残疾职工的工资在据实扣除的基础上，可以加计扣除100％。所以可以税前扣除的工资、薪金总额为500＋50＝550（万元）。

92. D【解析】职工福利费按照不超过工资、薪金总额的14％的部分可以税前扣除，500×14％＝70（万元），小于实际发生的90万元，因此允许扣除70万元；发生的职工教育经费支出，不超过工资、薪金总额8％的部分准予税前扣除，超过部分，准予在以后纳税年度进行结转，500×8％＝40（万元），小于实际发生的60万元，因此允许扣除40万元。允许税前扣除的职工教育经费和职工福利费＝70＋40＝110（万元）。

93. A【解析】企业发生的符合条件的广告费和业务宣传费支出，按照不超过销售收入15％的部分，准予扣除；超过部分准予以后年度进行结转扣除。准予税前扣除的金额为3 000×15％＝450（万元），不准予税前扣除的金额为300＋200－450＝50（万元）。

94. C【解析】业务招待费按照发生额的60％扣除，但最高不得超过销售收入的5‰，则80×60％＝48（万元），3 000×5‰＝15（万元），所以税前可以抵扣的金额为15万元，不得税前抵扣的金额为80－15＝65（万元）。

95. D【解析】该企业为高新技术企业，适用税率为15％，选项A错误。除企业按照国家规定为特殊工种职工支付的人身安全保险费和国务院主管部门规定可以扣除的其他商业保险费外，企业为投资者或者职工支付的商业保险费不得税前扣除，选项B错误。企业取得的国债利息收入属于免税收入，选项C错误。企业直接对某希望小学的支出属于非公益性捐赠支出，不能税前扣除，选项D正确。

（四）

96. B【解析】在中华人民共和国境内购置汽车、有轨电车、汽车挂车、排气量超过150毫升的摩托车的单位和个人，为车辆购置税的纳税人。购置，是指以购买、进口、自产、受赠、获奖或者其他方式取得并自用应税车辆的行为。

97. A【解析】纳税人进口自用应税车辆的计税价格，为关税完税价格加上关税和消费税。因此车辆购置税的计税价格＝（20＋20×25％）/（1－5％）≈26.32（万元）。

98. AC【解析】车辆购置税由税务机关负责征收。纳税人购置应税车辆，应当向车辆登记地的主管税务机关申报缴纳车辆购置税。纳税人应当在向公安机关交通管理部门办理车辆注册登记前，缴纳车辆购置税。

99. D【解析】车辆购置税的纳税义务发生时间为纳税人购置应税车辆的当日。纳税人应当自纳税义务发生之日起 60 日内申报缴纳车辆购置税。

100. D【解析】纳税人购买自用应税车辆的计税价格，为纳税人实际支付给销售者的全部价款，不包括增值税税款。王某应该缴纳的车辆购置税＝22.6/（1＋13％）×10％＝2（万元）。

环球网校

只做职教 | www.hqwx.com

全国经济专业技术
资格考试辅导用书

克|题|制|胜 2

财政税收
专业知识与实务(中级)
历年真题及考前预测卷

全国经济专业技术资格考试辅导用书编写组◇组编

立信会计出版社
LIXIN ACCOUNTING PUBLISHING HOUSE

图书在版编目(CIP)数据

财政税收专业知识与实务(中级)历年真题及考前预测卷 / 全国经济专业技术资格考试辅导用书编写组组编. —上海：立信会计出版社，2024.3
全国经济专业技术资格考试辅导用书
ISBN 978-7-5429-7462-4

Ⅰ.①财… Ⅱ.①全… Ⅲ.①财政管理—资格考试—习题集②税收管理—资格考试—习题集 Ⅳ.①F81-44

中国国家版本馆 CIP 数据核字(2024)第 057415 号

责任编辑　毕芸芸

财政税收专业知识与实务(中级)历年真题及考前预测卷

Caizheng Shuishou Zhuanye Zhishi yu Shiwu(Zhongji) Linian Zhenti ji Kaoqian Yucejuan

出版发行	立信会计出版社		
地　　址	上海市中山西路 2230 号	邮政编码	200235
电　　话	(021)64411389	传　　真	(021)64411325
网　　址	www.lixinaph.com	电子邮箱	lixinaph2019@126.com
网上书店	http://lixin.jd.com		http://lxkjcbs.tmall.com
经　　销	各地新华书店		

印　　刷	三河市文阁印刷有限公司		
开　　本	787 毫米×1092 毫米	1/16	
印　　张	11		
字　　数	288 千字		
版　　次	2024 年 3 月第 1 版		
印　　次	2024 年 3 月第 1 次		
书　　号	ISBN 978-7-5429-7462-4/F		
定　　价	40.00 元(含配套资料)		

前　言

全国经济专业技术资格考试实行全国统一考试制度，全国统一组织、统一大纲、统一命题、统一评分标准。参加考试且成绩合格者，即可获得相应级别的专业技术资格，并由各省、自治区、直辖市人事(职改)部门颁发人力资源和社会保障部统一印制并用印的“经济专业技术资格证书”，该证书在全国范围内有效。全国经济专业技术资格考试设置两个级别：经济专业初级资格和经济专业中级资格。每个级别的考试均设两个科目，分别为经济基础知识和专业知识与实务，全部实行机考。其中，经济基础知识试卷题型为单项选择题和多项选择题，专业知识与实务试卷题型为单项选择题、多项选择题和案例分析题。

为促进经济专业技术人员不断提高业务知识和能力，满足广大考生和各地人事(职改)管理机构的需求，帮助广大考生熟悉考试题型，掌握命题规律，把握解题技巧，顺利通过全国经济专业技术资格考试，我们组织了一批长期从事经济专业技术资格考试教学研究、具有深厚理论功底及实务操作经验的专家和老师，依据最新发布的《全国经济专业技术资格考试大纲》，精心组织编写了本套全国经济专业技术资格考试辅导用书“历年真题及考前预测卷”。本套考试辅导用书内容构成如下。

历年真题　本书收录了4套近年中级经济专业技术资格考试真题或汇编。考生通过做真题试卷不仅可以检验自己现有的知识水平，查漏补缺，还可以通过对真题试卷的研读，总结出各科目的命题规律，提炼出各科目的重难点、高频考点及热点，更深刻地理解考试大纲的要求，从而有针对性地进行复习，达到事半功倍的学习效果。

考前预测卷　编写组专家认真研究历年考试真题，综合分析最新考试信息，结合最新考试动态，精心编写了4套中级经济专业技术资格考试考前预测卷。试卷内容涵盖了近几年考试涉及的所有考点，预测了考试命题趋势，具有较强的实战模拟性质。通过考前预测卷的训练，考生可以更加直观地把握考试动向，明确考试重点，从而保证复习备考的针对性与高效性。

参考答案及解析　编写组专家对每套试题的答案及解析都作了反复推敲，确保答案精准无误，解析透彻全面。详尽的答案和解析不仅为考生提供了清晰的答题思路，更有助于考生进行全面的复习备考。

本套考试辅导用书集权威性与时效性、针对性与实用性于一体，不仅充分展现了经济专业技术资格考试独有的特色，而且对考生快速提高应试能力有很大的帮助与促进作用。

虽然编者努力精益求精，但由于水平和时间有限，书中可能仍存在疏漏与不足之处，敬请广大考生和读者斧正。最后，预祝广大考生顺利通过考试，轻松取得中级经济专业技术资格证书！

全国经济专业技术资格考试辅导用书编写组

目 录

第一部分 历年真题

第二部分 考前预测

《财政税收专业知识与实务》(中级)
考前预测卷（一）

（考试时间 90 分钟　满分 140 分）

一、单项选择题（共 60 题，每题 1 分。每题的备选项中，只有 1 个最符合题意）

1. 某个人或集团对公共物品的消费，并不影响或妨碍其他个人或集团同时消费该公共物品，这是公共物品的特征之一，通常称为（　　）。

A. 效用的不可分割性　　B. 受益的非排他性

C. 取得方式的非竞争性　　D. 提供目的的非营利性

2. 在市场经济条件下，资源配置的主体是（　　）。

A. 政府　　B. 市场

C. 计划　　D. 财政

3. 征收遗产税所执行的财政职能是（　　）。

A. 资源配置职能　　B. 收入分配职能

C. 经济稳定职能　　D. 经济发展职能

4. 债务利息支出属于（　　）。

A. 购买性支出　　B. 一般利益支出

C. 不可控制性支出　　D. 预防性支出

5. 下列选项中，不属于政府干预的手段的是（　　）。

A. 立法和行政手段　　B. 政府职能的“越位”和“缺位”

C. 组织公共生产和提供公共物品　　D. 政府的宏观调控

6. 在财政支出效益分析中，不适用最低费用选择法的财政支出项目是（　　）。

A. 军事　　B. 电力、铁路

C. 行政　　D. 文化

7. 财政在调整投资结构时发挥的财政职能是（　　）。

A. 收入分配职能　　B. 资源配置职能

C. 经济稳定职能　　D. 经济发展职能

8. 关于财政投资的说法，正确的是（　　）。

A. 财政投资中包括生产性投资

B. 财政投资必须注重经济效益

C. 财政投资的资金来源全部都是无偿的

D. 财政投资只能投资于周转快、见效快的短期性项目

9. 下列选项中，属于社会救济型模式的是（　　）。

A. 澳大利亚的公共养老金计划

B. 马来西亚的公共养老金计划

C. 新西兰的公共养老金计划

D. 新加坡的公共养老金计划

10. 下列各项中，不属于我国社会养老保险制度类型的是（　　）。

A. 城镇企业职工基本养老保险　　B. 城乡居民基本养老保险

C. 机关事业单位工作人员养老保险　　D. 商业养老保险

11. 社会保险费用完全靠代际之间收入转移的筹资模式是（　　）。

A. 现收现付式　　B. 完全基金式

C. 部分基金式　　D. 个人账户式

12. 税制结构模式是指由（　　）特征所决定的税制结构类型。

A. 税种　　B. 税率

C. 税类　　D. 主体税

13. 对相同境遇的人课征相同的税收体现了税收的（　　）。

A. 普遍征税原则　　B. 横向公平原则

C. 纵向公平原则　　D. 效率原则

14. 居民个人取得的下列所得中，应该按照经营所得缴纳个人所得税的是（　　）。

A. 偶然所得　　B. 劳务报酬所得

C. 财产租赁所得　　D. 个体工商户从事生产经营所得

15. 下列关于我国税制结构的现状，说法错误的是（　　）。

A. 我国的税制结构具有较为典型的发展中国家税制结构的特点

B. 货物和劳务税构成了我国税收总额的主体部分

C. 财产和特定行为税的比重较低

D. 就单个税种而言，增值税的比重最高，其次是个人所得税

16. 关于税率的说法，错误的是（　　）。

A. 在比例税率下，纳税人均适用同一税率

B. 在累进税率下，征税对象数额越大，适用税率越高

C. 在定额税率下，应纳税额与商品销售价格无关

D. 税率是征税的客观基础

17. 下列税种中，属于财产税类的是（　　）。

A. 增值税　　B. 房产税

C. 消费税　　D. 个人所得税

18. 下列关于税收管辖权的说法，正确的是（　　）。

A. 实行居民管辖权的国家有权对非本国居民来自本国境内的所得征税

B. 实行地域管辖权的国家有权对本国居民取得的境外所得征税

C. 税收管辖权的交叉会产生国际重复征税

D. 一国政府不能同时行使居民管辖权和地域管辖权

19. 某日用百货商店（小规模纳税人），2022 年 5 月采用“以旧换新”方式销售彩电，开出普通发票 28 张，收到货款 80 000 元，并注明已扣除旧货折价 30 000 元，则该日用百货商店当月应纳的增值税为（　　）元。

A. 2 330.10　　B. 3 076.92

C. 3 203.88　　D. 4 230.77

20. 下列行为中，不得从销项税额中抵扣进项税额的是（　　）。

A. 将外购的货物用于本单位集体福利

B. 将外购的货物无偿赠送给其他个人

C. 将外购的货物分配给股东和投资者

D. 将外购的货物作为投资提供给其他单位

21. 对于纳税人因销售应税消费品而出租出借包装物收取的押金，正确的计税方法是（　　）。

A. 啤酒的包装物在收取押金时就要征收增值税

B. 啤酒的包装物押金征收消费税

C. 黄酒的包装物押金征收消费税

D. 白酒的包装物押金既征收增值税，又征收消费税

22. 下列关于消费税的说法，错误的是（　　）。

A. 酒类生产企业向商业销售单位收取的“品牌使用费”应缴纳消费税

B. 用于投资入股的应税消费品，按同类产品的平均销售价格作为消费税计税依据

C. 用于抵偿债务的应税消费品，按同类产品的最高销售价格作为消费税计税依据

D. 自产自用应税消费品的计税依据为应税消费品的同类销售价格或组成计税价格

23. 滞纳金自关税缴纳期限届满滞纳之日起，至纳税人缴纳关税之日止，按滞纳税款（　　）的比例按日征收，周末或法定节假日不予扣除。

A. 万分之三　　　　B. 万分之四

C. 万分之五　　　　D. 千分之一

24. 某糕点加工厂是一般纳税人，2022 年 7 月从某农场收购农民自产的小麦 100 吨，农场开具的普通发票上注明不含税金额 200 万元，当月该批小麦并未用于生产糕点，此项业务可抵扣的增值税进项税额为（　　）万元。

A. 0　　　　B. 18

C. 34　　　　D. 20

25. 根据《中华人民共和国企业所得税法》，国家需要重点扶持的高新技术企业，减按 15%的税率征收企业所得税。但高新技术企业取得的高新技术产品（服务）收入必须占企业当年总收入的（　　）以上。

A. 50%　　　　B. 60%

C. 70%　　　　D. 80%

26. 根据《中华人民共和国企业所得税法》，企业从事建筑、安装、装配工程业务或者提供其他劳务等，持续时间超过 12 个月的，按照（　　）确认收入的实现。

A. 纳税年度内完工进度

B. 合同约定的收款日期

C. 实际收款日期

D. 工程或劳务全部完工日期

27. 关于印花税的说法，正确的是（　　）。

A. 印花税按季、按月或者按次计征

B. 个人与电子商务经营者订立的电子订单征收印花税

C. 专利权、专有技术使用权转让合同属于技术转让合同

D. 个人书立的动产买卖合同不缴纳印花税

28. 根据《中华人民共和国企业所得税法》，企业与其关联方之间的业务往来，不符合独立交易原则而减少企业或者其关联方应纳税收入或者所得额的，税务机关有权按照（　　）调整。

A. 可比价格法　　B. 销售价格法

C. 成本法　　D. 利润分割法

29. 个人所得税纳税人自行申报纳税的申报地点不包括（　　）。

A. 任职单位所在地　　B. 临时居住地

C. 户籍所在地　　D. 劳务发生地

30. 下列指标中，属于反映财政活动规模的指标的是（　　）。

A. 财政收入及其占国内生产总值的比重　B. 财政收入占国民生产总值的相对量

C. 财政支出占国民生产总值的比重　　D. 财政支出数额的绝对量

31. 契税是在房屋所有权转移登记时，向（　　）征收的一种财产税。

A. 产权承受人　　B. 产权授予人

C. 不动产取得人　　D. 房屋使用权取得人

32. 某深水油气田原油价格每吨 6 000 元（不含增值税，下同），天然气每立方米 2 元。2022 年 2 月，该油气田开采原油 25 万吨，当月销售 20 万吨，加热、修井用 2 万吨，将 3 万吨原油赠送给协作单位；开采天然气 700 万立方米，当月销售 600 万立方米，待售 100 万立方米。已知原油、天然气的资源税税率均为 6%，该油气田当月应纳资源税（　　）万元。

A. 9 084.5　　B. 8 364.2

C. 5 846.4　　D. 6 681.6

33. 进口的应税消费品实行从价定率办法计算应纳税额，按组成计税价格计税。组成计税价格的公式为（　　）。

A. 组成计税价格＝（关税完税价格＋关税）/（1－消费税比例税率）

B. 组成计税价格＝关税完税价格×关税×（1－消费税比例税率）

C. 组成计税价格＝关税完税价格×关税/（1＋消费税比例税率）

D. 组成计税价格＝关税完税价格×关税×（1＋消费税比例税率）

34. 下列企业支出项目中，准予在企业所得税税前扣除的是（　　）。

A. 企业所得税税款

B. 已提取尚未实际发放的工资、薪金

C. 库存商品的销售成本

D. 赞助支出

35. 下列房产中，应征收房产税的是（　　）。

A. 融资租赁的房产　　B. 宗教寺庙自用的房产

C. 老年服务机构自用的房产　　D. 税务机关办公用房

36. 扣缴义务人未按照规定办理扣缴税款登记的，税务机关应当自发现之日起 3 日内责令限期改正，并处以（　　）的罚款。

A. 1 000 元以下　　B. 2 000 元以下

C. 2 000 元以上 5 000 元以下　　D. 1 万元以上 5 万元以下

37. 个人所得税的专项附加扣除中，不实施定额扣除的是（　　）。

A. 婴幼儿照护支出　　B. 赡养老人支出

C. 住房贷款利息支出　　D. 大病医疗支出

38. 下列关于发票管理的说法，错误的是（　　）。

A. 不能自行扩大专业发票使用范围

B. 未经税务机关批准，不能拆本使用发票

C. 开具发票不一定要加盖单位财务印章或发票专用章

D. 不能转借、转让、代开发票

39. 居民甲将一套价值100万元的住房与居民乙进行交换，并支付给居民乙差价款20万元。当地规定的契税税率为3%，居民甲需缴纳契税（　　）万元。

A. 0　　B. 0.6　　C. 3.0　　D. 3.6

40. 下列关于车船税计税依据的说法，错误的是（　　）。

A. 客车采用以辆为计税依据

B. 船舶采用以净吨位为计税依据

C. 摩托车采用以辆为计税依据

D. 乘用车采用以自重吨位为计税依据

41. 下列机构和个人中，属于房产税纳税人的是（　　）。

A. 产权不明的房屋的使用人

B. 拥有农村房产的农民

C. 由国家财政部门拨付事业经费自用房产的单位

D. 房屋的出典人

42. 车辆购置税的纳税义务发生时间为纳税人购置应税车辆的当日。纳税人应当自纳税义务发生之日起（　　）日内申报缴纳车辆购置税。

A. 7　　B. 15　　C. 30　　D. 60

43. 下列不属于企业不征税收入或免税收入的是（　　）。

A. 国债利息收入　　B. 特许权使用费收入

C. 财政拨款　　D. 政府性基金

44. 企业从事下列农、林、牧、渔业项目的所得，减半征收企业所得税的是（　　）。

A. 农作物新品种的选育　　B. 远洋捕捞

C. 中药材的种植　　D. 内陆养殖

45. 下列关于税收强制执行措施的说法，正确的是（　　）。

A. 税收强制执行措施不适用于扣缴义务人

B. 作为家庭唯一代步工具的轿车，不在税收强制执行的范围之内

C. 税务机关采取强制执行措施时，可对纳税人未缴纳的滞纳金同时强制执行

D. 税务机关可对未按期缴纳工薪收入个人所得税的个人实施税收强制执行措施

46. 甲企业为增值税一般纳税人，适用的增值税税率为13%。2022年5月收取乙企业的预付货款22 600元，甲企业应做的正确账务处理为（　　）。

A. 借：银行存款　　22 600

　　贷：主营业务收入　　20 000

应交税费——应交增值税（销项税额）　　2 600

B. 借：银行存款　　22 600

贷：合同负债　　22 600

C. 借：银行存款　　22 600

贷：合同负债　　20 000

应交税费——应交增值税（销项税额）　　2 600

D. 借：银行存款　　22 600

贷：其他应付款——预付货款　　22 600

47. 某服装企业为增值税一般纳税人，某月在销售产品的同时向购货方收取包装物押金1 130 元，正确的账务处理为（　　）。

A. 借：银行存款　　1 130

贷：其他应付款　　1 130

B. 借：银行存款　　1 130

贷：其他业务收入　　1 130

C. 借：银行存款　　1 130

贷：其他应付款　　1 000

应交税费——应交增值税（销项税额）　　130

D. 借：银行存款　　1 130

贷：其他业务收入　　1 000

应交税费——应交增值税（销项税额）　　130

48. 下列关于纳税信用管理的表述中，符合规定的是（　　）。

A. 税务机关每年 2 月确定上一年度纳税信用评价结果

B. 纳税信用评价方法只有年度评价指标得分

C. 年度内无生产经营业务收入的企业参加本期评价

D. 以直接判级进行纳税信用评价适用于有重大失信行为纳税人

49. 存在逃避缴纳税款，未构成犯罪，但逃避缴纳税款金额（　　）万元以上且占各税种应纳税总额（　　）以上情形的，本评价年度直接判为 D 级。

A. 10；10%　　B. 5；10%

C. 20；20%　　D. 20；5%

50. 根据经济社会发展的政策目标，采用相机抉择方式安排预算收支的政策称为（　　）。

A. 健全财政政策　　B. 功能财政预算政策

C. 周期平衡预算政策　　D. 充分就业预算平衡政策

51. 我国《政府采购法》中建立的回避制度符合（　　）。

A. 公开透明原则　　B. 公平竞争原则

C. 公正原则　　D. 诚实信用原则

52. 在政府会计模式的选择上，采用修正的权责发生制预算会计的国家是（　　）。

A. 美国　　B. 英国　　C. 澳大利亚　　D. 新西兰

53. 查尔斯·提布特提出地方政府之间竞争理论的著作是（　　）。

A. 《国富论》　　B. 《财政联邦主义》

C.《地方支出的纯理论》　　D.《政府间财政关系：理论与实践》

54. 下列关于优化转移支出结构的说法，不正确的是（　　）。

A. 建立专项转移支付合理增长机制

B. 结合均衡区域间财力需要，逐步提高一般性转移支付规模

C. 足额安排共同财政事权转移支付

D. 合理控制专项转移支付新增项目和资金规模

55. 决定动用本级政府预备费的权力属于（　　）。

A. 上级人民代表大会　　B. 本级人民代表大会

C. 上级政府　　D. 本级政府

56. 下列转移支付项目中，属于中央对地方专项转移支付的是（　　）。

A. 一般性转移支付　　B. 调整工资转移支付

C. 民族地区转移支付　　D. 基础设施建设

57.（　　）是按照一定社会管理和经济体制的要求，在各级政府间划分社会管理权和经济管理权，并以此为依据确定各级政府的预算支出范围。

A. 分事　　B. 分税

C. 分权　　D. 分管

58. 政府有意识地运用财政政策手段来调节社会总供求，利用国家财力干预经济运行的政策，称为（　　）。

A. 自动稳定的财政政策　　B. 相机抉择的财政政策

C. 内在稳定器　　D. 健全财政政策

59. 下列货币政策中，属于直接信用控制的政策手段是（　　）。

A. 调整法定存款准备金率　　B. 信用配额

C. 调整再贴现率　　D. 公开市场业务

60. 政府运用的财政政策工具主要有政府预算、税收、财政补贴和（　　）。

A. 利润率　　B. 贴现率

C. 公债　　D. 流动性比率

二、多项选择题（共 20 题，每题 2 分。每题的备选项中，有 2 个或 2 个以上符合题意，至少有 1 个错项。错选，本题不得分；少选，所选的每个选项得 0.5 分）

61. 经济稳定通常是指（　　）。

A. 财政收支平衡　　B. 信贷收支平衡

C. 充分就业　　D. 物价基本稳定

E. 国际收支平衡

62. 在政府财政支出中，属于不可控制性支出的有（　　）。

A. 养老金支出　　B. 职工生活补贴

C. 基本建设支出　　D. 债务利息支出

E. 失业救济支出

63. 直接影响行政管理支出规模的主要因素有（　　）。

A. 政府职能　　B. 机构设置

C. 行政效率　　D. 管理费本身的使用效率

E. 财政政策

64. 下列属于市场失灵的突出表现的有（　　）。

A. 市场垄断

B. 信息充分和对称

C. 外部效应

D. 收入分配不公

E. 经济波动与失衡

65. 亚当·斯密的税收原则有（　　）。

A. 平等原则

B. 确定原则

C. 便利原则

D. 收入原则

E. 最少征收费用原则

66. 下列选项中，属于禁止性补贴的有（　　）。

A. 出口补贴

B. 进口替代补贴

C. 不具有专向性的补贴

D. 给予贫困地区的补贴

E. 用于鼓励农民退休的补贴

67. 根据我国现行《企业所得税法》，符合企业重组特殊性税务处理条件的有（　　）。

A. 企业重组具有合理的商业目的

B. 企业重组不以减少、免除或者推迟缴纳税款为主要目的

C. 企业重组后的连续 6 个月内不改变重组资产原来的实质性经营活动

D. 企业重组交易对价中股权支付额不低于交易支付总额的 80%

E. 企业重组中取得股权支付的原主要股东，在重组后连续 12 个月内，不得转让所取得的股权

68. 下列关于消费税纳税义务发生时间的说法，正确的有（　　）。

A. 自产自用的应税消费品，为该货物生产的当天

B. 进口的应税消费品，为报关进口的当天

C. 委托加工的应税消费品，为纳税人提货的当天

D. 采取分期收款结算方式的，为发出货物的当天

E. 采取预收货款结算方式的，为纳税人提货的当天

69. 符合经财政部批准免征房产税的房产有（　　）。

A. 房地产开发企业未出售的商品房

B. 经鉴定已停止使用的危房

C. 老年服务机构自用的房产

D. 权属有争议的房产

E. 大修停用 3 个月以上的房产

70. 下列会计凭证中，属于外来原始凭证的有（　　）。

A. 购货发票

B. 进账单

C. 领料单

D. 差旅费报销单

E. 汇款单

71. 下列选项中，属于或有隐性债务的有（　　）。

A. 金融机构不良资产

B. 国有企业未弥补亏损

C. 欠发职工工资而形成的债务

D. 粮食收购和流通中的亏损挂账

E. 对供销社系统及对农村合作基金会的援助

72. 在我国，通行的纳税申报方式有（　　）。

A. 直接申报　　B. 邮寄申报

C. 汇总申报　　D. 委托代理申报

E. 数据电文申报

73. 下列属于征税行为的有（　　）。

A. 加收税收滞纳金行为　　B. 代扣代缴行为

C. 确认纳税主体　　D. 发票管理行为

E. 税收保全措施

74. 根据国库现金管理，当出现长期性财政资金盈余时，通过（　　）降低国库现金余额。

A. 增加公债发行　　B. 减少公债发行

C. 发行1年期以下的短期公债　　D. 卖出持有的公债

E. 买回公债

75. 某企业被工商部门处以罚款10 000元，正确的涉税会计处理有（　　）。

A. 记入“营业外支出”科目　　B. 不得在税前列支

C. 记入“利润分配”科目　　D. 不超过利润总额12%的部分，可以税前列支

E. 冲减“营业外收入”科目

76. 转移支付的主要形式有（　　）。

A. 工资支出　　B. 补助支出

C. 捐赠支出　　D. 投资支出

E. 债务利息支出

77. 复式预算的典型形式是双重预算，包括（　　）。

A. 经常预算　　B. 资本预算

C. 零基预算　　D. 基数预算

E. 投入预算

78. 我国财政国库管理制度改革的主要内容有（　　）。

A. 改革账户管理体系　　B. 改革税收管理制度

C. 改革资金收缴方式　　D. 改革资金支付方式

E. 改革资产管理方式

79. 财政政策稳定功能所表现出的主要特征有（　　）。

A. 持续性　　B. 无偿性

C. 强制性　　D. 补偿性

E. 反周期性

80. 财政政策包括（　　）。

A. 税收政策　　B. 货币政策

C. 预算政策　　D. 公债政策

E. 信贷政策

三、案例分析题（共 20 题，每题 2 分，由单选和多选组成。错选，本题不得分；少选，所选的每个选项得 0.5 分）

（一）

某工业企业（增值税一般纳税人）主要生产销售各种型号发电机组。2022 年 4 月的有关资料如下：

（1）本月发出 1 月份以预收货款方式销售给某机电设备销售公司的发电机组 3 台，每台不含税售价 30 000 元，另向购买方收取装卸费 3 390 元。

（2）企业采取分期收款方式销售给某单位大型发电机组 1 台，开具普通发票，金额为 237 300 元。书面合同规定 4 月、5 月、6 月 3 个月每月付款 79 100 元。

（3）委托某商场代销 10 台小型发电机组，协议规定，商场按每台含税售价25 000 元对外销售，并按该价格与企业结算。手续费按每台 500 元计算，在结算货款时抵扣。产品已发给商场，商场本月无销售。

（4）为本企业专门自制发电机组 1 台，本月移送并开始安装。该设备账面成本为 35 000 元，无同类型产品销售价。

（5）外购原材料一批，增值税专用发票上注明的进项税额为 2 000 元，货款已经支付，材料已验收入库。

（6）进口原材料一批，关税完税价折合人民币 120 000 元，假设进口关税税率为 50%。另从报关地运到企业，支付运费 5 000 元，取得运费专用发票。原材料已验收入库。

已知取得的作为增值税扣除依据的相关凭证均在本月认证并申报抵扣。

根据以上资料，回答下列问题：

81. 该企业采用预收货款方式销售发电机组的销项税额是（　　）元。

A. 0　　B. 15 300.0　　C. 12 090.0　　D. 15 896.7

82. 该企业采取分期收款方式销售发电机组的销项税额是（　　）元。

A. 9 100　　B. 13 923　　C. 35 700　　D. 41 769

83. 该企业委托代销发电机组的销项税额是（　　）元。

A. 0　　B. 35 598.29　　C. 36 324.79　　D. 37 051.28

84. 进口原材料的进项税额是（　　）元。

A. 30 600　　B. 30 950　　C. 23 850　　D. 30 992

85. 该企业当月应纳增值税税额是（　　）元。

A. 345　　B. 3 145　　C. 5 328　　D. 32 664

（二）

某商贸企业今年实现产品销售收入 1 800 万元，支付合理的工资、薪金总额为200 万元（含残疾职工工资 50 万元），业务招待费为 80 万元，职工福利费为 60 万元，职工教育经费为 30 万元，利润总额为 200 万元。另外，企业当年购置环境保护专用设备支出600 万元，购置完毕即投入使用。企业所得税税率为 25%。

根据以上资料，回答下列问题：

86. 该企业今年允许税前扣除的工资、薪金为（　　）万元。

A. 150　　B. 200

C. 250　　D. 300

87. 该企业今年不允许税前扣除的业务招待费为（　　）万元。

A. 9　　B. 32　　C. 48　　D. 71

88. 该企业今年允许税前扣除的职工福利费为（　　）万元。

A. 28　　B. 32　　C. 35　　D. 60

89. 该企业今年允许税前扣除的职工教育经费为（　　）万元。

A. 30　　B. 16　　C. 4　　D. 3

90.《中华人民共和国企业所得税法》规定，企业购置并实际使用环境保护专用设备，可以按设备投资额的一定比例抵免企业当年的应纳税额，则该企业可以抵免的应纳税额为（　　）万元。

A. 600　　B. 240　　C. 60　　D. 30

（三）

某企业 2022 年发生下列经济事项：

（1）7 月订立买卖合同 1 份，记载金额 200 000 元，但合同没有执行。

（2）8 月订立借款合同 1 份，记载金额 400 000 元，签订专有技术使用权转让书据 1 份，记载金额 100 000 元。

（3）9 月新增实收资本 200 000 元、资本公积 50 000 元。

（4）签订贴息贷款合同一份，总金额 500 000 元。

根据以上资料，回答下列问题：

91. 2022 年该企业订立买卖合同应缴纳印花税（　　）元。

A. 40　　B. 50　　C. 60　　D. 100

92. 2022 年该企业订立借款合同应缴纳印花税（　　）元。

A. 20　　B. 40　　C. 80　　D. 100

93. 2022 年该企业签订专有技术使用权转让书据应缴纳印花税（　　）元。

A. 20　　B. 30　　C. 60　　D. 100

94. 2022 年该企业营业账簿应缴纳印花税（　　）元。

A. 32.5　　B. 50.0　　C. 62.5　　D. 75.0

95. 关于印花税计税依据的说法，不正确的是（　　）。

A. 应税合同的计税依据为合同所列的金额，不包括列明的增值税税款

B. 应税产权转移书据的计税依据为产权转移书据所列的金额，不包括列明的增值税税款

C. 应税合同、产权转移书据未列明金额的，印花税的计税依据按照书立合同、产权转移书据时的市场价格确定

D. 签订贴息贷款合同免税

（四）

甲企业为增值税一般纳税人，主要生产 M 产品，每件产品的不含税售价为1 000 元，成本为每件 200 元；购进原材料均能取得增值税专用发票，购销货物适用的增值税税率均为 13%（城市维护建设税及教育费附加不考虑）。2022 年 5 月，税务机关对甲企业 2021 年度的纳税情况进行检查，甲企业有关账务资料如下：

（1）销售给 A 企业 M 产品 10 件，同时收取包装物租金 1 000 元，账务处理为：

借：银行存款　　　　12 300

贷：资本公积　　11 300

其他业务收入　　1 000

（2）销售给 B 企业（小规模纳税人）M 产品 2 件，账务处理为：

借：银行存款　　2 260

贷：其他应付款　　2 260

（3）职工福利部门领用 M 产品 5 件，账务处理为：

借：应付职工薪酬　　1 000

贷：库存商品　　1 000

（4）为装修厂房购进原材料 100 000 元，取得增值税专用发票，账务处理为：

借：在建工程　　113 000

贷：应付账款　　113 000

根据以上资料，回答下列问题：

96. 甲企业销售给 A 企业产品，正确的涉税处理为（　　）。

A. 按对外售价计算主营业务收入　　B. 计算增值税销项税额

C. 其进项税额不得抵扣　　D. 其进项税额作转出处理

97. 甲企业向 A 企业收取的包装物租金应调增增值税销项税额为（　　）元。

A. 0　　B. 50　　C. 115　　D. 170

98. 甲企业销售给 B 企业产品应调增增值税销项税额为（　　）元。

A. 0　　B. 70.2　　C. 260.0　　D. 397.8

99. 甲企业职工福利部门领用产品应做的正确账务调整为（　　）。

A. 借：应付职工薪酬　　5 000

贷：以前年度损益调整　　5 000

B. 借：应付职工薪酬　　650

贷：应交税费——应交增值税（销项税额）　　650

C. 借：应付职工薪酬　　5 650

贷：以前年度损益调整　　5 650

D. 借：应付职工薪酬　　130

贷：应交税费——应交增值税（销项税额）　　130

100. 甲企业在建工程购进原材料应做的正确账务调整为（　　）。

A. 借：应交税费——应交增值税（进项税额）　　13 000

贷：在建工程　　13 000

B. 借：应交税费——待抵扣进项税额　　13 000

贷：在建工程　　13 000

C. 借：应交税费——应交增值税（进项税额）　　7 800

应交税费——待抵扣进项税额　　5 200

贷：在建工程　　13 000

D. 借：应交税费——应交增值税（进项税额）　　5 200

应交税费——待抵扣进项税额　　7 800

贷：在建工程　　13 000

《财政税收专业知识与实务》(中级)
考前预测卷（二）

（考试时间 90 分钟　满分 140 分）

一、单项选择题（共 60 题，每题 1 分。每题的备选项中，只有 1 个最符合题意）

1. 关于公共物品的说法，正确的是（　　）。

A. 公共物品的效用具有可分割性

B. 公共物品与私人物品的区别在于消费该产品的特征不同

C. 公共物品与私人物品的区别在于产品的所有制性质不同

D. 公共物品是市场经济条件下特有的产物

2. 在开放的经济条件下，一国国际收支理想的状况是（　　）。

A. 收大于支，迅速增加外汇储备

B. 支大于收，动用外汇储备实现平衡

C. 经常项目和资本项目的收支合计大体平衡

D. 经常项目保持平衡，资本项目收大于支

3. 财政“内在稳定器”在收入方面的调节主要体现在（　　）。

A. 财政预算的调节

B. 累进税制的调节

C. 财政补贴的调节

D. 社会保障制度的调节

4. 美国著名经济学家马斯格雷夫解释财政支出增长的原因时，提出的理论是（　　）。

A. 政府活动扩张法则　　B. 经济发展阶段论

C. 公共收入增长引致论　　D. 非均衡增长模型

5. 从世界各国的情况看，财政支出总量及占国内生产总值（GDP）比重的变化趋势是（　　）。

A. 绝对量增长，相对量也增长　　B. 绝对量下降，相对量也下降

C. 绝对量增长，相对量下降　　D. 绝对量下降，相对量增长

6. 根据公共物品和公共劳务的定价政策，对公园收费应该采取的政策是（　　）。

A. 免费政策　　B. 低价政策

C. 平价政策　　D. 高价政策

7. 在世界范围内，现代社会保障制度创立的时间是（　　）。

A. 19 世纪 80 年代　　B. 20 世纪 20 年代

C. 20 世纪 30 年代　　D. 20 世纪 50 年代

8. 财政补贴的主要对象是（　　）。

A. 国家机关　　B. 主管部门

C. 企业和居民　　D. 生活必需品

9. 带有强制储蓄功能的社会保障制度类型是（　　）。

A. 社会保险型　　B. 社会救济型

C. 普遍津贴型　　D. 节俭基金型

10. 税收支出是指（　　）。

A. 政府在筹集税收收入时费用的总和

B. 筹集税收的成本

C. 税务机关的费用支出

D. 减免税等税收优惠

11. 现代市场经济国家用于衡量财政支出规模的指标是（　　）。

A. 财政收入占国民收入的比重

B. 财政支出占国民收入的比重

C. 财政收入占工农业生产总值的比重

D. 财政支出占国内生产总值的比重

12. 下列关于文教科学卫生支出的说法，正确的是（　　）。

A. 教育属于公共物品，其支出应全部由政府财政承担

B. 公共卫生支出应由政府财政承担

C. 应用科学研究的经费应由政府财政提供

D. 在我国，教育、科学技术和医疗卫生支出计入生产性支出

13. 下列原则中，属于现代税收原则中经济原则的是（　　）。

A. 弹性原则　　B. 节约原则

C. 效率原则　　D. 平等原则

14. 一般纳税人选择简易办法计算缴纳增值税后（　　）个月内不得变更。

A. 12　　B. 24

C. 36　　D. 60

15. Lily 为 A 国居民，2022 年度在 A 国取得所得 200 万元，在 B 国取得所得 100 万元。已知 A 国税率为 30%，对本国居民来自境外所得实行免税法；B 国税率为 20%，则 Lily 应在 A 国纳税（　　）万元。

A. 10　　B. 24

C. 60　　D. 90

16. 纳税人通过压低生产要素的进价从而将应缴纳的税款转嫁给生产要素的销售者或生产者负担的税负转嫁形式称为（　　）。

A. 前转　　B. 后转

C. 消转　　D. 税收资本化

17. 产生国际重复征税的根本原因在于各国（　　）。

A. 政体的不同　　B. 主体税种的不同

C. 关税税率的不同　　D. 税收管辖权的交叉

18. 下列税种中，属于行为、目的税类的是（　　）。

A. 增值税　　B. 消费税

C. 关税　　D. 印花税

19. 下列行为中，属于鉴证咨询服务的是（　　）。

A. 企业管理服务　　B. 代理报关服务

C. 安全保护服务　　D. 认证服务

20. 下列不属于电子烟征税环节的是（　　）。

A. 生产环节　　B. 进口环节

C. 批发环节　　D. 零售环节

21. 下列纳税人自产自用应税消费品行为中，不缴纳消费税的是（　　）。

A. 炼油厂用于本企业基建部门车辆的自产汽油

B. 汽车厂用于管理部门的自产汽车

C. 日化厂用于交易会样品的自产化妆品

D. 卷烟厂用于生产卷烟的自制烟丝

22. 某化妆品厂销售一批高档化妆品，取得含税收入 5 650 元，已知高档化妆品消费税税率为 15%，则该笔收入应纳消费税税额为（　　）元。

A. 2 507.14　　B. 1 755.00

C. 1 500.00　　D. 750.00

23. 下列商品中，不属于消费税征收范围的是（　　）。

A. 高尔夫球具　　B. 木制筷子

C. 高档护肤品　　D. 电动自行车

24. 某企业将一批价值为 60 万元的材料运往境外加工，出境时已向海关报明，并在海关规定的期限内复运进境，经海关审定该企业支付给境外公司的加工费和料件费共20 万元，加工完毕后货物运抵我国境内输入地点起卸前发生运费 10 万元、保险费5 万元。已知该材料进口关税税率为 10%，则该企业应缴纳进口关税税额为（　　）万元。

A. 9.5　　B. 8.0

C. 3.5　　D. 2.0

25. 某企业（非高新技术企业）2020 年应纳税所得额为 500 万元，企业当年从业人数 500 人，资产总额 8 000 万元，不考虑其他因素，则企业 2020 年适用的企业所得税税率为（　　）。

A. 18%　　B. 20%

C. 25%　　D. 27%

26. 建筑企业从其关联方接受债权性投资与权益性投资的比例超过（　　）而发生的利息支出，不得在计算应纳税所得额时扣除。

A. 5∶1　　B. 3∶1　　C. 2∶1　　D. 1∶1

27. 居民李某从事培训工作，2023 年 5 月取得劳务报酬所得 5 000 元，该笔所得应预扣预缴税款为（　　）元。

A. 400　　B. 600　　C. 800　　D. 1 000

28. 企业所得税法规定应当源泉扣缴所得税，但扣缴义务人未依法扣缴，纳税人也未依法缴纳的，税务机关可以从该纳税人在中国境内其他收入项目的支付人应付的款项中，追缴该纳税人的应纳税额，这种行为属于企业所得税源泉扣缴的（　　）。

A. 法定扣缴　　B. 特定扣缴

C. 指定扣缴　　D. 商定扣缴

29. 经财政部批准可以免征房产税的情况是（　　）。

A. 正在使用的危险房屋　　B. 因维修停用 3 个月的房屋

C. 在农村设立的仓库　　D. 妇幼保健机构自用的房屋

30. 某公司2022年发生两笔互换房产业务，并已办理了相关手续。其中，第一笔业务换出的房产价值为500万元，换进的房产价值为800万元，并向对方支付差额300万元；第二笔业务换出的房产价值为600万元，换进的房产价值为300万元，并收取差额300万元。已知当地人民政府规定的契税税率为3%，该公司上述两笔互换房产业务应缴纳契税税额为（　　）万元。

A. 0　　B. 9　　C. 18　　D. 33

31. 下列关于印花税的说法，错误的是（　　）。

A. 书立各类经济合同时，以合同当事人为纳税人

B. 应税凭证如在中国境外书立，则不需要缴纳印花税

C. 现行印花税纳税人包括外资企业和外国公司企业

D. 印花税征税范围包括应税凭证和证券交易

32. 某县城一加工企业（一般纳税人）2022年9月因进口半成品缴纳增值税120万元，销售产品缴纳增值税280万元，本月又出租门面收到租金40万元。该企业本月应缴纳的城市维护建设税和教育费附加为（　　）万元。

A. 22.69　　B. 28.43　　C. 35.96　　D. 38.75

33. 纳税人不办理税务登记的，情节严重的，可处以（　　）的罚款。

A. 2 000元以下　　B. 2 000元以上10 000元以下

C. 1 000元以上5 000元以下　　D. 5 000元以上12 000元以下

34. 下列关于纳税质押的说法，不正确的是（　　）。

A. 纳税质押是指纳税人或纳税担保人不转移财产的占有，将该财产作为税款及滞纳金的担保

B. 纳税质押分为动产质押和权利质押

C. 动产质押包括现金以及其他除不动产以外的财产提供的质押

D. 存款单可以质押

35. 由纳税信用D级纳税人的直接责任人员注册登记或者负责经营，纳税信用关联评价为D级的纳税人，申请前连续（　　）个月没有新增纳税信用失信行为记录的，可向主管税务机关申请纳税信用修复。

A. 3　　B. 6

C. 12　　D. 24

36. 某公司为增值税一般纳税人，2022年5月签订了一份为期3年的房屋租赁合同，收取预付款1 090万元，款项已存入银行。则收到预收款时正确的账务处理为（　　）。

A. 借：银行存款　　10 900 000

　　贷：合同负债——租赁款　　10 000 000

　　　　应交税费——应交增值税（销项税额）　　900 000

B. 借：银行存款　　10 900 000

　　贷：合同负债——租赁款　　10 900 000

C. 借：银行存款　　10 900 000

　　贷：应交税费——应交增值税（销项税额）　　10 900 000

D. 借：银行存款　　10 000 000

贷：合同负债——租赁款　　10 000 000

37. 纳税人设置账簿的时间应是（　　）。

A. 自领取税务登记证件之日起 10 日内

B. 自领取营业执照之日起 15 日内

C. 自领取税务登记证件之日起 1 个月内

D. 自领取营业执照之日起 1 个月内

38. 某家具生产企业为一般纳税人，某月销售产品 200 件，每件不含税价为 1 000 元，该月收取包装物使用费 20 000 元。另外，为保证购买方及时退回包装物，订立了包装物使用期限为 6 个月的合同，并收取押金 40 000 元。则本月该企业应缴纳的增值税税额为（　　）元。

A. 42 717.95　　B. 37 400.00

C. 28 300.88　　D. 34 000.00

39. 某企业（增值税一般纳税人）委托 A 单位加工一批产品，发出原材料 22 600 元（含税价），支付含税加工费用和代垫辅料费 5 650 元，该企业没有同类商品的销售价格，消费税税率为 10%，则其组成计税价格为（　　）元。

A. 32 500.00　　B. 29 250.00　　C. 27 777.78　　D. 25 000.00

40. 从事化妆品生产销售的企业将新试制的一批化妆品用于职工奖励，若无同类产品的销售价格，则其组成计税价格的计算公式为（　　）。

A. 组成计税价格＝（成本＋利润）÷（1－消费税比例税率）

B. 组成计税价格＝（成本＋利润＋自产自用数量×定额税率）÷（1－消费税比例税率）

C. 组成计税价格＝（成本＋利润）÷（1＋消费税比例税率）

D. 组成计税价格＝（成本＋利润＋自产自用数量×定额税率）÷（1＋消费税比例税率）

41. 下列业务中，属于酒厂受托加工业务的是（　　）。

A. 由委托方提供原料和主要材料，酒厂只收取加工费和代垫部分辅助材料加工的应税消费品

B. 由酒厂以委托方的名义购进原材料生产的应税消费品

C. 由酒厂提供原材料生产的应税消费品

D. 酒厂先将原材料卖给委托方，然后再接受加工的应税消费品

42. 纳税检查的对象是（　　）。

A. 纳税人的合同

B. 纳税人编制的各种账簿和凭证

C. 纳税人所从事的经济活动和各种应税行为，以及履行纳税义务的情况

D. 纳税人编制的财务报表

43. 根据企业所得税相关规定，下列确认销售收入实现的条件，错误的是（　　）。

A. 收入的金额能够可靠地计量

B. 相关的经济利益很可能流入企业

C. 已发生或将发生的成本能够可靠地核算

D. 销售合同已签订并将商品所有权相关的主要风险和报酬转移给购货方

44. 公债发行管理权限规定的中心问题是（　　）。

A. 政府要发行多少公债

B. 中央政府的公债发行权大小

C. 是否授予地方政府以公债发行权和相应的管理权

D. 中央政府与地方政府的公债发行权的划分

45. 关于公债市场的说法，错误的是（　　）。

A. 公债市场是证券市场的一个组成部分

B. 公债的发行市场是一级市场

C. 公债的发行市场是流通市场存在的前提条件

D. 公债的流通市场是发行市场存在的前提条件

46. 政府预算决策过程的实质是（　　）。

A. 决策程序的法定性　　B. 对公共偏好的选择

C. 优化预算决策路径　　D. 提高决策的透明度

47. 下列关于政府预算资金供给方行为特征的说法，正确的是（　　）。

A. 有追求预算规模最大化的冲动　　B. 有诱发设租寻租收益的可能

C. 有委员会决策机制的特点　　D. 面临不同偏好的加总的困难

48. 零基预算的优点不包括（　　）。

A. 预算收支安排不受以往年度收支的约束　　B. 可以充分发挥预算政策的调控功能

C. 编制工作简便易行　　D. 可突出当年政府经济社会政策重点

49. 政府预算的原则不包括（　　）。

A. 公开性　　B. 完整性

C. 可靠性　　D. 周期性

50. 在政府采购中，采购人通过与多家供应商进行分别谈判后从中确定中标供应商并授予合同采购方式的是（　　）。

A. 招标采购　　B. 竞争性谈判采购

C. 询价采购　　D. 框架协议采购

51. 国库集中收付制度中集中收付的对象主要是（　　）。

A. 财政性收支　　B. 企业收支

C. 个人收支　　D. 信贷收支

52. 有利于防止预算收支结构僵化的预算编制模式是（　　）。

A. 单式预算　　B. 复式预算

C. 基数预算　　D. 零基预算

53. 投入预算的决策重点是（　　）。

A. 是否实现政府的政策目标　　B. 如何控制资源的投入和使用

C. 资金投入与产出比较的效率　　D. 反映资金使用结果

54. 财政分权管理体制的基本内容和制度保障是（　　）。

A. 政府间财政支出的划分　　B. 政府间财政收入的划分

C. 政府间事权的划分　　D. 政府间财权的划分

55. 政府间转移支付不包括（　　）。

A. 上级政府对下级政府的各项补助

B. 下级政府向上级政府的上解收入

C. 减少不发达地区税收收入上缴

D. 发达地区对不发达地区的补助

56. 实行政府间转移支付的理论依据不包括（　　）。

A. 纠正政府间的纵向、横向财政失衡　　B. 纠正某些公共物品或服务的外部性

C. 加强中央对地方财政的宏观调控　　D. 适应过渡期的财政转移支付制度

57. 财政收支矛盾的客观性决定了财政收支运动的基本形态是（　　）。

A. 收支平衡　　B. 收支不平衡

C. 收入大于支出　　D. 支出大于收入

58. 目前，世界上大多数国家统计本国财政赤字时的计算口径为（　　）。

A. 硬赤字　　B. 软赤字

C. 历年赤字　　D. 周期赤字

59. 假定其他条件不变，在投资对利率富有弹性时，财政赤字的排挤效应（　　）。

A. 明显　　B. 不明显

C. 无效　　D. 中性

60. 在各种财政政策手段中居于核心地位的是（　　）。

A. 税收　　B. 公债

C. 政府预算　　D. 补贴

二、多项选择题（共20题，每题2分。每题的备选项中，有2个或2个以上符合题意，至少有1个错项。错选，本题不得分；少选，所选的每个选项得0.5分）

61. 在市场经济条件下，财政职能有（　　）。

A. 资源配置职能　　B. 经济稳定职能

C. 对外经济平衡职能　　D. 充分就业职能

E. 收入分配职能

62. 在财政支出效益分析中，适用最低费用选择法的财政支出项目有（　　）。

A. 军事　　B. 电力

C. 行政　　D. 文化

E. 铁路

63. 下列关于PPP模式的说法，不正确的有（　　）。

A. 降低了基础设施项目投资力度　　B. 具有更高的经济效率

C. 限制了私营部门的发展　　D. 树立了公共部门的新形象

E. 提高了公共部门的财务稳健性

64. 具有财政补贴性质的退税形式有（　　）。

A. 多征退税　　B. 再投资退税

C. 误征退税　　D. 提取代征手续费退税

E. 出口退税

65. 财政发挥经济稳定职能主要体现在（　　）。

A. 通过制度性安排，发挥财政“内在稳定器”的作用

B. 通过财政投资、财政补贴和税收进行调节

C. 首先保证民生性的社会公共需求

D. 通过进出口货物进行调节

E. 通过财政政策和其他政策配合进行调节

66. 解决国际重复征税的方法有（　　）。

A. 低税法

B. 扣除法

C. 免税法

D. 抵消法

E. 抵免法

67. 下列关于以所得税为主体的税制结构的优势，说法正确的有（　　）。

A. 通过累进税率的设置，有利于实现税收的公平原则

B. 具有自动稳定器功能，有利于一国宏观经济稳定

C. 征税对象普遍，税源丰富

D. 征管相对容易，征收成本较小

E. 税负容易转嫁

68. 下列行为中，既缴纳增值税，又缴纳消费税的有（　　）。

A. 酒厂将自产的白酒赠送给协作单位

B. 卷烟厂将自产的烟丝移送用于生产卷烟

C. 日化厂将自产的香水精移送用于生产护肤品

D. 汽车厂将自产的应税小汽车赞助给某艺术节组委会

E. 地板厂将自产的新型实木地板奖励给有突出贡献的职工

69. 下列关于企业所得税收入确认原则的说法，正确的有（　　）。

A. 企业一般收入项目的确认，采用收付实现制原则

B. 利息收入，按照合同约定债务人应付利息的日期确认收入实现

C. 租金收入，按照合同约定承租人应付租金的日期确认收入实现

D. 接受捐赠收入，按照实际收到捐赠资产的日期确认收入实现

E. 以分期收款方式销售货物，按照发出货物的日期确认收入实现

70. 印花税按（　　）计征。

A. 年

B. 月

C. 季

D. 次

E. 日

71. 下列情形中，发生土地、房屋权属转移的，承受方应当依法缴纳契税的有（　　）。

A. 因共有不动产份额变化的

B. 因共有人增加或者减少的

C. 经国务院批准实施债权转股权的企业，债权转股权后新设立的公司承受原企业的土地、房屋权属的

D. 因人民法院、仲裁委员会的生效法律文书或者监察机关出具的监察文书等因素，发生土地、房屋权属转移的

E. 以自有房产作股投入本人经营企业的

72. 下列关于无形资产税务处理的说法，正确的有（　　）。

A. 无形资产不包括商誉

B. 自创商誉不得计算摊销费用扣除

C. 外购商誉的支出在企业整体转让或者清算时准予扣除

D. 无形资产的摊销年限不得低于 5 年

E. 无形资产按照直线法计算的摊销费用准予扣除

73. 下列不属于印花税征税范围的有（　　）。

A. 在境外书立的应税凭证，应税凭证标的物为不动产，该不动产在境内

B. 人民法院的生效法律文书

C. 仲裁机构的仲裁文书

D. 在境外书立的应税凭证，应税凭证标的物为股权，该股权为中国居民企业的股权

E. 总公司与分公司之间书立的作为执行计划使用的凭证

74. 按照与检查资料之间的相互关系，可将税务检查的基本方法分为（　　）。

A. 顺查法　　B. 分析法

C. 联系查法　　D. 逆查法

E. 侧面查法

75. 下列所得中，免予缴纳个人所得税的有（　　）。

A. 著名作家莫言获得的诺贝尔文学奖奖金

B. 赵某取得的加班工资

C. 钱某取得的军人转业费

D. 孙某退休后按月领取的养老金

E. 宋某取得的保险赔款

76. 下列属于我国全口径预算体系构成的有（　　）。

A. 一般公共预算　　B. 国有资本经营预算

C. 社会保险基金预算　　D. 产出预算

E. 投入预算

77. 我国政府采购的基本原则有（　　）。

A. 公开透明　　B. 公平竞争

C. 公正　　D. 诚实信用

E. 统一报价

78. 下列关于复式预算的说法，正确的有（　　）。

A. 复式预算的典型形式是双重预算

B. 丹麦是最早实行复式预算的国家之一

C. 复式预算便于立法机构的审议和监督

D. 复式预算有利于反映预算的整体性

E. 复式预算的产生是政府职责范围扩大的结果

79. 以货物和劳务税为主体的税制结构具有的局限性包括（　　）。

A. 会抑制劳动者的工作积极性和投资者的投资热情

B. 提高税率往往会导致价格上涨，抑制需求，从而使税收减少

C. 具有一定的累退性，不利于税收公平目标的实现

D. 计算和征管相对复杂，征税成本相对更高

E. 容易对经济产生扭曲

80. 财政政策与货币政策的不同体现在（　　）。

A. 两者的政策工具和调节范围不同

B. 两者在国民收入分配中所起到的作用不同

C. 两者的调控目标不同

D. 两者的政策时滞性不同

E. 两者在扩大和紧缩需求方面的作用不同

三、案例分析题（共 20 题，每题 2 分，由单选和多选组成。错选，本题不得分；少选，所选的每个选项得 0.5 分）

（一）

某生产企业为增值税一般纳税人，适用的增值税税率为 13%，2022 年 5 月的有关生产经营业务如下：

（1）销售甲产品给某大型商场，开具增值税专用发票，取得不含税销售额 80 万元；另外，取得销售甲产品的送货运输费收入 5.65 万元（含增值税价格，与销售货物不能分别核算）。

（2）将一批自产新产品用于本企业在建工程，成本价为 20 万元，国家税务总局规定成本利润率为 10%，该新产品无同类产品市场销售价格。

（3）向农业生产者购进免税农产品一批（不适用进项税额核定扣除法），支付收购价 30 万元，支付给运输单位运费 5 万元（不含税），取得相关的合法票据。本月下旬将购进农产品的 20%用于本企业职工福利。

以上相关票据均符合税法的规定。

根据以上资料，回答下列问题：

81. 该生产企业销售甲产品的销项税额为（　　）万元。

A. 12.50　　B. 14.30　　C. 11.05　　D. 16.25

82. 该生产企业自用新产品的销项税额为（　　）万元。

A. 3.25　　B. 2.86　　C. 0　　D. 4.25

83. 外购免税农产品应抵扣的进项税额为（　　）万元。

A. 2.56　　B. 3.00　　C. 2.52　　D. 4.55

84. 该企业 5 月合计应缴纳的增值税税额为（　　）万元。

A. 7.20　　B. 8.30　　C. 12.46　　D. 8.53

85. 该生产企业以 1 个月或 1 个季度为 1 个纳税期限的，自期满之日起（　　）日内申报缴纳增值税。

A. 5　　B. 10　　C. 15　　D. 30

（二）

2022 年，某商业企业经营的业务如下：

（1）商品销售收入 800 万元，公债利息收入 4 万元，债券转让净收入 76 万元。

（2）全年商品销售成本 470 万元。

（3）按规定缴纳增值税 136 万元，城市维护建设税 9.52 万元，教育费附加4.08 万元。

（4）发生营业费用 40 万元，管理费用 50 万元。

（5）营业外支出中列支 48 万元，其中：公益捐赠 40 万元；赞助当地一足球队 6 万元；缴纳税收滞纳金 2 万元。

根据以上资料，回答下列问题：

86. 该企业利润总额为（　　）万元。

A. 258.4　　B. 260.8　　C. 280.9　　D. 298.6

87. 该企业公益性捐赠所得税前扣除额为（　　）万元。

A. 25.46　　B. 31.01　　C. 39.62　　D. 45.97

88. 企业所得税前营业外支出应纳税调整额为（　　）万元。

A. 10.21　　B. 12.59

C. 16.99　　D. 20.89

89. 该企业应纳税所得额为（　　）万元。

A. 259.69　　B. 264.61　　C. 271.39　　D. 289.99

90. 该企业应纳企业所得税税额为（　　）万元。

A. 67.85　　B. 78.69　　C. 89.67　　D. 92.64

（三）

甲公司为一家运输公司，2023 年发生如下业务：

（1）2023 年 1 月成立之初拥有挂车 50 辆，每辆整备质量吨位 15 吨。2023 年 4 月初，将其中的 9 辆租给 A 公司使用，租期 9 个月，9 辆车的总价值为 1 800 000 元，双方签订租赁合同。租金为每月 6 000 元。

（2）甲公司 2023 年 3 月 1 日购入小轿车一辆，发票上注明的不含税的售价为 90 000 元，由于车辆比较紧俏，加价 11 300 元提车。

（3）2023 年 1 月，从国外进口小轿车一辆用于办公，成交价格为 35 万元，运抵海关的运费和保险费为 5 万元。

（4）2023 年 8 月，一辆于 2020 年 1 月购入的车辆因质量问题退回生产厂家，该车辆2020 年购入时不含税售价为 100 万元，现价为 80 万元。

当地规定载货汽车车船税每年每吨税额为 30 元，小轿车车船税的年税额为 360 元/辆。已知关税税率 50%，小汽车的消费税税率均为 10%。

根据以上资料，回答下列问题：

91. 业务（1）甲公司 2023 年年底应缴纳的车船税为（　　）元。

A. 15 000　　B. 20 000

C. 20 250　　D. 11 250

92. 业务（1）按照租赁合同，甲公司 2023 年年底应缴纳的印花税为（　　）元。

A. 15　　B. 54

C. 180　　D. 648

93. 关于业务（2）的涉税事项的说法，正确的是（　　）。

A. 应缴纳车辆购置税 10 000 元

B. 应缴纳车船税 360 元

C. 应缴纳消费税 10 000 元

D. 应当于购入车辆 30 日内起进行车辆购置税纳税申报

94. 关于进口小汽车涉税事项的说法，正确的是（　　）。

A. 进口小汽车应纳关税 20 万元

B. 应纳增值税 8.67 万元

C. 应纳车辆购置税 6.667 万元

D. 不应当缴纳消费税

95. 关于业务（4）的说法，正确的是（　　）。

A. 退回车辆的车辆购置税不退

B. 退回的车辆 2023 年不缴纳车船税

C. 车辆购置税应退税额 7 万元

D. 车辆购置税应退税额 5.6 万元

（四）

甲公司为增值税一般纳税人，生产并销售 A 产品，适用增值税税率为 13%。2022 年度有关涉税资料如下：

（1）销售 A 产品给小规模纳税人，价税合计收取 113 000 元，款项已收到。

（2）销售 A 产品给一般纳税人，取得不含税价款 200 000 元，税款 26 000 元。同时收取包装物押金 10 000 元。

（3）从小规模纳税人处购进原材料，取得普通发票，发票上注明金额 50 000 元，款项以银行存款支付。

（4）购进办公楼，取得增值税专用发票，注明价款 1 000 000 元，增值税税额 90 000 元。

（5）销售给乙企业一批产品，收取货款时另向乙企业收取延期付款利息 100 000 元，企业的账务处理为：

借：银行存款　　100 000.00

　　贷：财务费用　　100 000.00

根据以上资料，回答下列问题：

96. 甲企业销售 A 产品给小规模纳税人，正确的会计账务处理为（　　）。

A. 借：银行存款　　113 000.00

　　贷：主营业务收入　　113 000.00

B. 借：银行存款　　113 000.00

　　贷：主营业务收入　　100 000.00

　　　　应交税费——应交增值税（销项税额）　　13 000.00

C. 借：银行存款　　113 000.00

　　贷：主营业务收入　　109 708.74

　　　　应交税费——应交增值税　　3 291.26

D. 借：银行存款　　113 000.00

　　贷：其他应付款　　113 000.00

97. 甲企业销售 A 产品给一般纳税人所收取的包装物押金，正确处理为（　　）。

A. 应通过“其他应付款”科目核算

B. 应计算缴纳增值税

C. 应通过“主营业务收入”科目核算

D. 应通过“其他业务收入”科目核算

98. 从小规模纳税人处购进的原材料，正确的会计账务处理为（　　）。

A. 借：原材料　　50 000.00

　　应交税费——应交增值税（进项税额）　　6 500.00

贷：银行存款　　56 500.00

B. 借：原材料　　50 000.00

应交税费——应交增值税（进项税额）　　1 500.00

贷：银行存款　　51 500.00

C. 借：原材料　　48 543.69

应交税费——应交增值税（进项税额）　　1 456.31

贷：银行存款　　50 000.00

D. 借：原材料　　50 000.00

贷：银行存款　　50 000.00

99. 购进办公楼正确的会计账务处理为（　　）。

A. 借：固定资产　　1 090 000.00

贷：银行存款　　1 090 000.00

B. 借：固定资产　　1 000 000.00

应交税费——应交增值税（进项税额）　　90 000.00

贷：银行存款　　1 090 000.00

C. 借：固定资产　　1 000 000.00

应交税费——应交增值税（进项税额）　　54 000.00

应交税费——待抵扣进项税额　　36 000.00

贷：银行存款　　1 090 000.00

D. 借：固定资产　　1 000 000.00

应交税费——应交增值税（进项税额）　　54 000.00

应交税费——待认证进项税额　　36 000.00

贷：银行存款　　1 090 000.00

100. 关于甲公司向乙企业收取延期付款利息的账务处理，正确的为（　　）。

A. 借：财务费用　　100 000.00

贷：主营业务收入　　100 000.00

B. 借：财务费用　　13 000.00

贷：应交税费——应交增值税（销项税额）　　13 000.00

C. 借：财务费用　　6 000.00

贷：应交税费——应交增值税（销项税额）　　6 000.00

D. 借：财务费用　　11 504.42

贷：应交税费——应交增值税（销项税额）　　11 504.42

《财政税收专业知识与实务》(中级)
考前预测卷(三)

(考试时间 90 分钟　满分 140 分)

一、单项选择题(共 60 题,每题 1 分。每题的备选项中,只有 1 个最符合题意)

1. 繁华地段的机动车停车费适用(　　)。

A. 免费政策　　B. 低价政策

C. 平价政策　　D. 高价政策

2. 自 2020 年 1 月 1 日起至 2024 年 12 月 31 日止,对注册在海南自由贸易港并实质性运营的鼓励类产业企业的企业所得税的税率是(　　)。

A. 10%　　B. 15%

C. 20%　　D. 25%

3. 当社会总需求大于社会总供给时,国家预算应该实行的政策是(　　)。

A. 收支相等的平衡政策　　B. 全面扩张政策

C. 收大于支的结余政策　　D. 支大于收的赤字政策

4. 把财政支出分为购买性支出和转移性支出的分类依据是(　　)。

A. 财政支出在社会再生产中的地位　　B. 财政支出的经济性质

C. 财政支出的目的性　　D. 财政支出的受益范围

5. 财政支出必须讲求效益,根本原因是(　　)。

A. 财政具有资源配置职能　　B. 财政具有经济稳定职能

C. 财政具有收入分配职能　　D. 社会经济资源的有限性

6. 下列属于混合物品的是(　　)。

A. 国防建设　　B. 行政管理

C. 高等教育　　D. 传染病控制

7. 社会保障的核心内容是(　　)。

A. 社会保险　　B. 社会救济

C. 社会福利　　D. 社会优抚

8. 财政补贴的性质是(　　)。

A. 实现某种特定的政治目标　　B. 实现某种特定的经济目标

C. 实现某种特定的社会目标　　D. 一种社会财富的再分配

9. 随着我国经济发展以及征收管理水平的提高,(　　)在税收总额中的占比不断上升。

A. 消费税　　B. 所得税

C. 增值税　　D. 财产税

10. 税收的本质是(　　)。

A. 税收仅仅是一种取得财政收入的工具

B. 税收能调节国民经济分配格局

C. 税收体现了国家与纳税人的一种特定分配关系

D. 税收能监督国民经济运行

11. 历史上第一次提出税收原则的是（　　）。

A. 威廉·配第　　B. 攸士第

C. 亚当·斯密　　D. 瓦格纳

12. 假定下述税率表是超额累进税率表，第二级的速算扣除数是（　　）。

级数	应税所得额级距	税率
1	1 000 元以下的部分	5%
2	1 000～3 000 元的部分	10%
3	3 000～5 000 元的部分	15%

A. 50　　B. 100

C. 150　　D. 200

13. 纳税人的应纳税额与其计税依据价值的比率称为（　　）。

A. 纳税率　　B. 征税率

C. 税收能力　　D. 税收负担率

14. 税收负担的最终归着点被称为（　　）。

A. 税负转嫁　　B. 税负归宿

C. 税收负担　　D. 税源

15. 甲国对乙国居民在甲国取得的专利收入不征税，对甲国居民在乙国取得的专利收入征税的规定遵循了（　　）。

A. 属地主义原则　　B. 属人主义原则

C. 属地兼属人主义原则　　D. 全面征税原则

16. 甲国居民有来源于乙国的所得 200 万元，甲、乙两国的所得税税率为 40%、30%，两国均行使地域管辖权兼居民管辖权。在扣除法下甲国应对该笔所得征收所得税（　　）万元。

A. 0　　B. 20

C. 56　　D. 80

17. 根据增值税法律制度的规定，下列各项中，不征收增值税的是（　　）。

A. 销售电力　　B. 销售热力

C. 销售天然气　　D. 外国政府无偿援助的设备

18. 下列各项中，适用增值税 13%税率的是（　　）。

A. 杂志　　B. 农机

C. 暖气　　D. 服装

19. 下列外购商品中已缴纳的消费税，可以从本企业应纳消费税税额中扣除的是（　　）。

A. 从工业企业购进已税汽车轮胎生产的小汽车

B. 从工业企业购进已税酒精为原料生产的勾兑白酒

C. 从工业企业购进已税溶剂油为原料生产的溶剂油

D. 从工业企业购进已税高尔夫球杆握把为原料生产的高尔夫球杆

20. 某小汽车生产企业为增值税一般纳税人，6 月将生产的 10 辆某型号小汽车以每辆出厂价 12 000 元（不含增值税）给自设非独立核算的门市部；门市部又以每辆18 000 元（含增值税）出售给消费者。该小汽车生产企业 6 月应缴纳的消费税税额为（　　）元。（小汽车适用的消

费税税率为5%)

A. 7 964.60　　B. 5 128.21

C. 2 564.10　　D. 9 000.00

21. 小规模纳税人销售其自建的不动产，适用的增值税征收率为（　　）。

A. 3%　　B. 4%

C. 5%　　D. 6%

22. 下列关于消费税的说法，错误的是（　　）。

A. 应税消费品计征消费税时，其销售额不含增值税

B. 凡是征收增值税的货物都征收消费税

C. 应税消费品连同包装物销售的，应并入销售额征收消费税

D. 酒类产品生产企业销售酒类产品而收取的包装物押金，应并入销售额中征收消费税

23. 下列不属于国际收支项目的是（　　）。

A. 银行信贷　　B. 官方平衡项目

C. 资本项目　　D. 遗漏与误差项目

24. 某高新技术企业免税进口一台设备，海关审定的进口价格为人民币80万元，海关监管期为5年，该企业使用18个月后转售。已知该设备的关税税率为20%，该企业上述业务应缴纳的关税税额为（　　）万元。

A. 0　　B. 4.0　　C. 11.2　　D. 16.0

25. 根据现行关税政策，下列进口货物中享受法定减免税的是（　　）。

A. 关税税额在人民币500元以下的边境小额贸易进口的货物

B. 从保税区运往非保税区的货物

C. 国际组织无偿赠送的物资

D. 从国外进口用于生产保健品的生产设备

26. 依据《中华人民共和国企业所得税法》的规定，下列各项中，按负担所得的所在地确定所得来源地的是（　　）。

A. 销售货物所得　　B. 权益性投资所得

C. 动产转让所得　　D. 特许权使用费所得

27. 中国公民王某出租其商铺，取得财产租赁所得10 000元，则王某应缴纳个人所得税（　　）元。

A. 1 200　　B. 1 600

C. 1 800　　D. 2 000

28. 下列资产中，不能计算折旧扣除的是（　　）。

A. 以融资租赁方式租入的固定资产　　B. 以经营租赁方式租出的固定资产

C. 未使用的房屋、建筑物　　D. 单独估价作为固定资产入账的土地

29. 李某在一次福利彩票抽奖中，花1 000元抽中500 000元现金，则李某应缴纳的个人所得税税额为（　　）元。

A. 0　　B. 99 800　　C. 50 000　　D. 100 000

30. 下列关于房产税纳税人的说法，错误的是（　　）。

A. 产权属于国家所有的，由经营管理单位纳税

B. 产权所有人不在房屋所在地的，由房产代管人或者使用人纳税

C. 外商投资企业是房产税的纳税人

D. 产权未确定及租典纠纷未解决的，不需要缴纳房产税

31. 某砂石开采企业 2021 年 5 月销售砂石 4 000 立方米，资源税税率为 2 元/立方米，该企业应缴纳的资源税为（　　）元。

A. 6 000　　B. 8 000

C. 10 000　　D. 12 000

32. 某县城一般纳税人 5 月缴纳的增值税税额为 3 400 元，需要缴纳的消费税税额为5 000元，该一般纳税人需要缴纳的城市维护建设税和教育费附加是（　　）元。

A. 567　　B. 660　　C. 672　　D. 725

33. 某航运公司 2022 年拥有机动船 4 艘，每艘净吨位为 3 000 吨；拖船 1 艘，净吨位为 900 吨。其所在省车船税计税标准为净吨位 2 000 吨以下的，每吨 4 元；2 001～10 000 吨的，每吨 5 元。该航运公司 2022 年应缴纳车船税（　　）元。

A. 60 000　　B. 61 800

C. 63 600　　D. 65 400

34. 农村某村民新建住宅，经批准占用耕地 200 平方米。该地区耕地占用税税额为 7 元/平方米，则该农民应纳耕地占用税（　　）元。

A. 0　　B. 700　　C. 1 400　　D. 1 500

35. 下列各项中，关于“五证合一、一照一码”登记制度的说法，错误的是（　　）。

A. 新设企业领取由国家市场监督管理部门核发的统一社会信用代码营业执照

B. 实行五证合一后，原税务登记的法律地位消失

C. 司法部门批准设立的主体暂不纳入“五证合一、一照一码”办理范围

D. 个体工商户实行营业执照和税务登记证“两证整合”登记制度

36. 根据房产税法律的规定，下列属于房产的是（　　）。

A. 室内游泳池　　B. 室外游泳池

C. 围墙　　D. 水塔

37. 下列关于税款追征的表述，正确的是（　　）。

A. 因税务机关责任致使纳税人少缴税款的，税务机关在 3 年内可要求纳税人补缴税款，但不加收滞纳金

B. 因税务机关责任致使纳税人少缴税款的，税务机关在 3 年内可要求纳税人补缴税款并按银行同期利率加收滞纳金

C. 对于纳税人偷税、抗税和骗取税款的，税务机关在 20 年内可以追征税款、滞纳金；有特殊情况的，追征期可延长到 30 年

D. 因纳税人计算等失误未缴或者少缴税款的，税务机关在 3 年内可以追征税款、滞纳金；有特殊情况的，追征期可延长到 10 年

38. 下列应缴纳耕地占用税的是（　　）。

A. 占用耕地建筑农田水利设施　　B. 占用耕地修建铁路

C. 公园占用耕地牧草自用　　D. 福利机构占用林地自用

39. 根据发票管理办法，违法后由税务机关处 1 万元以上 5 万元以下的罚款，情节严重的，处

5 万元以上 50 万元以下的罚款，并处没收违法所得的行为是（　　）。

A. 私自印制发票的

B. 跨规定区域开具发票的

C. 非法代开发票的

D. 转借、转让、介绍他人转让发票、发票监制章和发票防伪专用品的

40. 某粮食企业（增值税一般纳税人）上月收购的一批农产品被盗，已知账面成本为9 100元，下列账务处理正确的是（　　）。

A. 借：待处理财产损溢　　9 100

　　贷：原材料　　9 100

B. 借：待处理财产损溢　　9 919

　　贷：原材料　　9 100

　　　　应交税费——应交增值税（进项税额转出）　　819

C. 借：待处理财产损溢　　9 100

　　贷：原材料　　8 281

　　　　应交税费——应交增值税（进项税额转出）　　819

D. 借：待处理财产损溢　　10 000

　　贷：原材料　　9 100

　　　　应交税费——应交增值税（进项税额转出）　　900

41. 发行公债应根据社会经济状况而定，必须有利于社会经济的稳定和发展，遵循的是公债发行的（　　）原则。

A. 景气发行　　B. 稳定市场秩序

C. 发行成本最小　　D. 发行有度

42. 税务机关查询案件涉嫌人员的储蓄存款时，需要履行的程序是（　　）。

A. 经税务所所长批准

B. 经县级税务局（分局）局长批准

C. 经稽查局局长批准

D. 经设区的市、自治州以上税务局（分局）局长批准

43. 我国的预算年度是（　　）。

A. 每年的 4 月 1 日至次年 3 月 31 日　　B. 每年的 10 月 1 日至次年 9 月 30 日

C. 每年的 1 月 1 日至 12 月 31 日　　D. 每年的 1 月 31 日至 12 月 1 日

44. 对政府预算的研究主要从社会公众通过立法机构规范政府预算行为的角度出发，其视角属于（　　）。

A. 经济学　　B. 政治学　　C. 管理学　　D. 法学

45. 企业销售货物发生的现金折扣，正确的账务处理为（　　）。

A. 折扣发生时借记“财务费用”科目　　B. 折扣发生时借记“销售费用”科目

C. 货物发出时借记“财务费用”科目　　D. 签订合同时借记“财务费用”科目

46. 为确保政府采购活动中的（　　）原则，《中华人民共和国政府采购法》建立了回避制度。

A. 公开透明　　B. 公平竞争

C. 诚实信用　　D. 公正

47. 精髓在于使地方政府拥有合适与合意的财政决策自主权的理论是（　　）。

A. 公共物品及服务理论　　B. 重商主义理论

C. 财政联邦主义　　D. 俱乐部理论

48. 查尔斯·提布特提出地方政府之间竞争理论的著作是（　　）。

A.《国富论》　　B.《财政联邦主义》

C.《地方支出的纯理论》　　D.《政府间财政关系：理论与实践》

49. 在分税制中，主要采用按照税源实行分率分征办法的国家是（　　）。

A. 中国　　B. 美国　　C. 伊朗　　D. 巴西

50. 最早提出转移支付概念的是（　　）。

A. 庇古　　B. 凯恩斯

C. 亚当·斯密　　D. 弗里德曼

51. 按照费用要素分类，下列各项行政管理费支出中，属于人员经费支出的是（　　）。

A. 公务费　　B. 修缮费

C. 设备购置费　　D. 福利费

52. 关于教育、科学技术和医疗卫生支出的说法，错误的是（　　）。

A. 公共卫生领域是具有外部效应的纯公共物品

B. 基本医疗服务属于纯公共物品

C. 科学支出按照目前的划分体系，属于非生产性支出

D. 基础科学的研究经费支出应当由政府承担

53. 影响税制结构的根本性因素是（　　）。

A. 经济发展水平　　B. 经济结构

C. 征管因素　　D. 收入再分配政策

54. 某 4S 店于 2022 年 1 月进口 8 辆小汽车，海关核定的关税计税价格为 15 万元/辆，当月销售 3 辆，3 辆作为样车放置在展厅待售，2 辆公司自用。该 4S 店应缴纳车辆购置税（　　）万元。（小汽车的关税税率为 10%，消费税税率为 9%）

A. 4.28　　B. 4.60　　C. 4.84　　D. 3.63

55. 就财政政策本身而言，其焦点是如何处理（　　）问题。

A. 财政收入　　B. 财政支出　　C. 财政赤字　　D. 财政平衡

56. 财政政策的直接作用对象是（　　）。

A. 财政收支及其平衡关系　　B. 对外收支及其平衡关系

C. 居民收支及其平衡关系　　D. 信贷收支及其平衡关系

57. 下列不属于财政政策工具的是（　　）。

A. 税收　　B. 利率

C. 预算　　D. 公债

58. 按照对经济周期的调节作用划分，财政政策可以分为（　　）。

A. 宏观财政政策、中观财政政策和微观财政政策

B. 自动稳定的财政政策和相机抉择的财政政策

C. 扩张性财政政策、紧缩性财政政策和中性财政政策

D. 短期财政政策、中期财政政策和长期财政政策

59. 中央银行运用货币政策手段影响中介目标进而实现最终目标的途径和机能是（　　）。

A. 货币政策目标　　B. 货币政策工具

C. 货币政策影响力　　D. 货币政策传导机制

60. 下列手段中属于“松”的财政货币政策措施的是（　　）。

A. 减少政府投资　　B. 减税

C. 压缩信贷支出　　D. 提高存款准备金率

二、多项选择题（共 20 题，每题 2 分。每题的备选项中，有 2 个或 2 个以上符合题意，至少有 1 个错项。错选，本题不得分；少选，所选的每个选项得 0.5 分）

61. 市场失灵主要表现在（　　）等方面。

A. 公共物品的提供　　B. 外部效应

C. 充分竞争　　D. 收入分配不公

E. 经济波动与失衡

62. 基础设施投资的特点有（　　）。

A. 初始投资大　　B. 建设周期长

C. 全部由政府投资　　D. 投资回收慢

E. 由财政无偿拨款

63. 世界各国的社会保障制度的类型有（　　）。

A. 社会保险型　　B. 社会救济型

C. 普遍津贴型　　D. 节俭基金型

E. 保值储蓄型

64. 下列财政补贴中，属于分配环节的有（　　）。

A. 职工副食品补贴　　B. 工矿产品价格补贴

C. 税收支出　　D. 外贸企业的政策性亏损补贴

E. 财政贴息

65. 税负转嫁的条件包括（　　）。

A. 税负水平　　B. 税率的高低

C. 通货膨胀　　D. 商品经济的存在

E. 自由的价格体制

66. 国际上最重要、影响力最大的国际税收协定范本包括（　　）。

A. OECD 协定范本　　B. 欧盟协定范本

C. UN 协定范本　　D. 东盟协定范本

E. IMF 协定范本

67. 依据增值税的有关规定，增值税一般纳税人销售自产的下列货物，可选择按简易办法依照 3%征收率计算纳税的有（　　）。

A. 县级以下小型水力发电单位生产的电力

B. 省级发电部门生产的电力

C. 建筑用和生产建筑材料所用的砂、土、石料

D. 用微生物制成的生物制品

E. 典当业销售死当物品

68. 公债偿还本金的方式有（　　）。

A. 市场购销偿还法　　B. 抽签偿还法

C. 比例偿还法　　D. 到期一次偿还法

E. 按期分次偿还法

69. 以下关于企业所得税收入确认时间的表述，正确的有（　　）。

A. 股息、红利等权益性投资收益，以投资方收到分配金额时确认收入的实现

B. 利息收入，在合同约定的债务人应付利息的日期确认收入的实现

C. 租金收入，在实际收到租金收入时确认收入的实现

D. 接受捐赠收入，在实际收到捐赠资产时确认收入的实现

E. 转让股权收入，应于转让协议生效且完成股权变更手续时确认收入的实现

70. 在计算综合所得时，可以扣除的专项扣除包括（　　）。

A. 基本养老保险　　B. 住房租金

C. 住房公积金　　D. 大病医疗

E. 基本医疗保险

71. 生产成本的构成内容主要包括（　　）。

A. 直接材料　　B. 直接人工

C. 制造费用　　D. 管理费用

E. 销售费用

72. 下列各项所得中，属于免征个人所得税的有（　　）。

A. 国家发行的金融债券利息　　B. 财产租赁所得

C. 军人的复员费　　D. 抚恤金

E. 省级人民政府颁发的环境保护的奖金

73. 下列情形中，税务机关有权要求提供纳税担保的有（　　）。

A. 纳税人办理延期纳税申报的

B. 欠缴税款的纳税人需要出境的

C. 从事生产、经营的纳税人有逃避纳税行为的

D. 纳税人同税务机关在纳税上发生争议而未缴清税款，需要行政复议的

E. 纳税人拒不提供纳税资料的

74. 公债的产生具备的基本条件有（　　）。

A. 财政支出的需要　　B. 社会闲置资金的存在

C. 借债规模的扩大　　D. 财政收入的需要

E. 社会的需要

75. 下列关于政府预算的表述，正确的有（　　）。

A. 从形式上看，政府预算是以政府财政收支计划的形式存在的

B. 从性质上看，政府预算是具有法律效力的文件

C. 从内容上看，政府预算反映公共资源的分配和政府职能范围

D. 从作用上看，政府预算是政府调控经济和社会发展的重要手段

E. 从结果上看，政府预算对社会经济发展不起作用

76. 按预算的编制方法分类，政府预算可分为（　　）。

A. 绩效预算　　B. 零基预算

C. 计划项目预算　　D. 部门单位预算

E. 基数预算

77. 分税制的含义包括（　　）。

A. 分事　　B. 分税

C. 分权　　D. 分管

E. 分利

78. 根据烟叶税法律制度的规定，下列属于烟叶税征收范围的有（　　）。

A. 晾晒烟叶　　B. 烟丝

C. 卷烟　　D. 烤烟叶

E. 雪茄烟

79. 下列属于财政收入分配职能机制和手段的有（　　）。

A. 通过遗产税、赠与税调节个人财产分布　　B. 用好转移性支出

C. 划清市场分配和财政分配的界限与范围　　D. 合理安排财政投资的规模和结构

E. 创新财政资源配置方式

80. 财政政策对国民经济运行调节的特点有（　　）。

A. 间接性　　B. 直接性

C. 自愿性　　D. 强制性

E. 挤出性

三、案例分析题（共 20 题，每题 2 分，由单选和多选组成。错选，本题不得分；少选，所选的每个选项得 0.5 分）

（一）

甲公司为增值税一般纳税人，主要从事汽车生产、贸易及维修业务。2023 年 10 月有关经营情况如下：

（1）进口一批越野车，海关审定的货价为 210 万元，运抵我国境内输入地点起卸前的运费 31 万元、保险费 4 万元。

（2）销售小轿车取得含增值税价款 339 万元，另收取提车价款 13.56 万元。

（3）维修汽车取得含增值税维修费 20.34 万元，其中工时费 9.36 万元、材料费 10.98 万元。

（4）接受乙公司委托加工一批汽车，不含增值税加工费 35 万元，乙公司提供原材料成本 84 万元，无同类产品销售价格。

已知：越野车的关税税率为 10%，题中所涉及车辆消费税税率均为 25%，增值税税率为 13%。

根据以上资料，回答下列问题：

81. 甲公司进口越野车进口环节应缴纳关税（　　）万元。

A. 21.2　　B. 22.1

C. 24.5　　D. 24.7

82. 甲公司进口越野车应缴纳消费税（　　）万元。

A. 78.99　　B. 89.33

C. 89.83　　D. 105.99

83. 甲公司销售小轿车的增值税销项税额是（　　）万元。

A. 53.38　　B. 61.71

C. 62.05　　D. 40.56

84. 甲公司维修汽车的增值税销项税额是（　　）万元。

A. 2.340 0　　B. 1.989 0

C. 1.591 2　　D. 3.580 2

85. 甲公司受托加工汽车应代收代缴消费税税额是（　　）万元。

A. 30.88　　B. 39.67

C. 48.79　　D. 58.97

（二）

中国公民王某为境内甲公司技术人员。假设其2022年发生如下事项：

（1）每月取得基本工资6 000元，全勤奖200元，月度效益奖3 600元，加班补贴500元。

（2）3月提供维修服务，取得劳务报酬所得1 500元，购买修理用工具支出200元。

（3）4月发表专业文章，取得稿酬所得5 000元。

已知：当地规定的社会保险和住房公积金个人缴存比例为基本养老保险8%，基本医疗保险2%，失业保险0.5%，住房公积金12%。王某缴纳社会保险费核定的缴费工资基数为5 000元。

附：个人所得税预扣率表一（居民个人工资、薪金所得预扣预缴适用）

级数	累计预扣预缴应纳税所得额	预扣率	速算扣除数
1	不超过36 000元	3%	0
2	超过36 000元至144 000元的部分	10%	2 520
3	超过144 000元至300 000元的部分	20%	16 920
4	超过300 000元至420 000元的部分	25%	31 920
5	超过420 000元至660 000元的部分	30%	52 920
6	超过660 000元至960 000元的部分	35%	85 920
7	超过960 000元的部分	45%	181 920

根据以上资料，回答下列问题：

86. 王某当月取得的下列所得中，应按照“工资、薪金所得”税目计缴个人所得税的是（　　）。

A. 月度效益奖　　B. 基本工资

C. 全勤奖金　　D. 加班补贴

87. 有关王某提供维修服务取得的劳务报酬所得在计入综合所得应纳税所得额时的收入额是（　　）元。

A. 1 200　　B. 1 100

C. 1 000　　D. 900

88. 有关王某当月发表专业文章的稿酬所得在计入综合所得应纳税所得额时的收入额是（　　）元。

A. 4 000　　B. 2 800

C. 2 400　　D. 2 200

89. 王某 2022 年 1 月“工资、薪金所得”预扣预缴个人所得税税额是（　　）元。

A. 125.25　　B. 210.00

C. 219.00　　D. 230.00

90. 王某 2022 年“综合所得”缴纳个人所得税税额是（　　）元。

A. 2 890　　B. 2 100

C. 2 190　　D. 2 300

（三）

某公司与市政府机关共同使用一栋楼房，该楼房占地面积为 2 000 平方米，该公司与市政府的占用比例为 4∶1。当年年初，该公司购买房产的价格为 4 100 000 元。企业拥有载货汽车 10 辆，每辆自重 5 吨。大客车 4 辆，均为 45 座（该地车船税的年税额：载重汽车为每吨 20 元，乘人汽车 31 座以上每辆 400 元）。当地规定城镇土地使用税税额为每平方米 5 元，契税税率为 4%。

根据以上资料，回答下列问题：

91. 该公司应缴纳的城镇土地使用税税额为（　　）元。

A. 2 000　　B. 4 000

C. 8 000　　D. 10 000

92. 市政府机关应缴纳的城镇土地使用税税额为（　　）元。

A. 0　　B. 1 000

C. 2 000　　D. 10 000

93. 该公司应缴纳的契税税额为（　　）元。

A. 0　　B. 80 000

C. 160 000　　D. 164 000

94. 该公司载货汽车应缴纳的车船税税额为（　　）元。

A. 1 000　　B. 1 600

C. 1 400　　D. 1 200

95. 该公司乘人汽车应缴纳的车船税税额为（　　）元。

A. 1 600　　B. 2 320

C. 1 760　　D. 1 860

（四）

光明公司系增值税一般纳税人。税务机关对光明公司进行税务检查时，发现光明公司 2019 年下列业务并没有入账：

（1）销售自产摩托车 50 辆，取得价款（不含增值税）550 万元。另外，向购买方收取价外费用 5 万元。

（2）销售自产小汽车取得不含税销售额 58.5 万元，向购买方收取运输装卸费5 万元。

（3）购进原料，取得增值税专用发票上注明的价款为 30 万元，支付运输公司运费 2 万元，取得运输公司开具的运费专用发票。

经查明，上述业务未能入账的原因是光明公司擅自销毁账簿、记账凭证。最终，税务机关认定光明公司当年应纳税额共计 200 万元。

另外，税务机关还发现光明公司有转移财产的情形，便要求其提供纳税担保，但遭到光明公司的拒绝。税务机关决定对该公司采取税收保全措施。

已知：摩托车消费税税率为10%，小汽车消费税税率为3%。

根据上述资料，回答下列问题：

96. 光明公司少缴纳的增值税税额为（　　）万元。

A. 78.65　　B. 84.65

C. 76.18　　D. 105.65

97. 销售摩托车少缴纳的消费税税额为（　　）万元。

A. 45.11　　B. 50.13

C. 55.44　　D. 65.41

98. 销售小汽车少缴纳的消费税税额为（　　）万元。

A. 1.89　　B. 2.66

C. 3.44　　D. 5.99

99. 光明公司少缴纳的消费税税额为（　　）万元。

A. 31.55　　B. 36.99

C. 40.78　　D. 57.33

100. 下列说法正确的是（　　）。

A. 对于光明公司转让财产的行为，税务机关可以要求其提供纳税担保

B. 税务机关责令具有税法规定情形的纳税人提供纳税担保而纳税人拒绝提供纳税担保或无力提供纳税担保的，经县以上税务局（分局）局长批准，税务机关可以书面通知纳税人开户银行冻结纳税人的金额相当于应纳税款的存款

C. 税务机关责令具有税法规定情形的纳税人提供纳税担保而纳税人拒绝提供纳税担保或无力提供纳税担保的，经县以上税务局（分局）局长批准，税务机关可以扣押、查封纳税人的价值相当于应纳税款的商品、货物或者其他财产

D. 税务机关责令具有税法规定情形的纳税人提供纳税担保而纳税人拒绝提供纳税担保或无力提供纳税担保的，经县以上税务局（分局）局长批准，税务机关可以拍卖纳税人的价值相当于应纳税款的商品、货物或者其他财产

《财政税收专业知识与实务》(中级)
考前预测卷（四）

（考试时间 90 分钟　满分 140 分）

一、单项选择题（共 60 题，每题 1 分。每题的备选项中，只有 1 个最符合题意）

1.（　　）是财政存在的前提。

A. 税收制度　　B. 市场失灵

C. 政府介入　　D. 公共物品的非营利性

2. 下列属于准公共物品的是（　　）。

A. 国防　　B. 基础科学研究

C. 环境保护　　D. 医疗

3. 当社会总供给大于社会总需求时，应采取的财政政策是（　　）。

A. 结余政策　　B. 赤字政策

C. 平衡政策　　D. 增税政策

4. 国家物资储备支出属于（　　）。

A. 补偿性支出　　B. 消费性支出

C. 积累性支出　　D. 不可控制支出

5. 下列关于财政支出效益的说法，正确的是（　　）。

A. 要对项目的无形所费与所得进行分析

B. 项目必须带来直接的经济效益

C. 直接效益必须大于直接投入

D. 选择的项目必须具有很好的经济效益

6. 税收的平等原则主要体现在两个方面：一是横向公平，二是纵向公平。其中关于横向公平的说法，不正确的是（　　）。

A. 排除特权阶层免税　　B. 只有自然人要纳税

C. 对公私经济均等征税　　D. 对本国人和外国人在征税上一视同仁

7. 通过国家财政拨款，以保障贫困者的最低限度生活需要，属于（　　）。

A. 社会保险　　B. 社会福利

C. 社会救助　　D. 社会优抚

8. 普遍津贴型社会保障的资金来源是（　　）。

A. 政府预算拨款　　B. 个人缴费为主

C. 企业缴费为主　　D. 国家、企业、个人共同负担

9.（　　）是制约税制结构的根本因素。

A. 经济发展水平　　B. 政策因素

C. 征管因素　　D. 经济结构

10. 税收的首要和基本职能是（　　）。

A. 政治职能　　B. 分配职能

C. 财政职能　　D. 社会职能

11. 公共定价的对象不仅包括国家机关和各部门提供的公共物品，而且包括私人部门提供的公共物品。从定价政策来看，（　　）属于管制定价或价格管制。

A. 能源　　B. 交通

C. 煤　　D. 金融

12. 造成纳税人与负税人不一致的经济现象的原因是（　　）。

A. 税负转嫁　　B. 税负归宿

C. 税收负担　　D. 税源

13. 甲设计公司为增值税小规模纳税人，2021 年 6 月提供设计服务取得含增值税价款 206 000 元；因服务中止，退还给客户含增值税价款 10 300 元。已知小规模纳税人增值税征收率为 3%，甲设计公司当月应缴纳的增值税税额是（　　）元。

A. 6 000　　B. 6 180

C. 5 700　　D. 5 871

14. 使国际重复征税得以彻底免除的方法是（　　）。

A. 低税法　　B. 扣除法

C. 抵免法　　D. 免税法

15. 苏女士为甲国居民，2022 年度在乙国取得经营所得 100 万元，利息所得 10 万元。甲、乙两国经营所得的税率分别为 30%和 20%，利息所得的税率分别为 10%和 20%。假设甲国对本国居民的境外所得实行分项抵免限额法计税，则苏女士应在甲国纳税（　　）万元。

A. 0　　B. 9　　C. 10　　D. 30

16. 下列关于增值税纳税义务发生时间的说法，不正确的是（　　）。

A. 采取赊销方式销售货物且未签订书面合同的，为货物发出的当天

B. 采取预收货款方式销售货物的，为收到预收款的当天

C. 采取分期收款方式销售货物的，为按合同约定的收款日期的当天

D. 采取直接收款方式销售货物的，为收到销售款或取得索取销售款凭据的当天

17. 下列各项中，不属于全面实施绩效管理的三个维度的是（　　）。

A. 构建全方位预算绩效管理格局

B. 健全预算绩效评价标准体系

C. 建立全过程预算绩效管理链条

D. 完善全覆盖预算绩效管理体系

18. 下列情况中，不应当征收增值税的是（　　）。

A. 某企业将自产货物分配给投资者

B. 某农民出售自家种植的蔬菜

C. 某钟表眼镜商店为顾客修理眼镜

D. 某企业委托酒厂加工白酒，收回后直接对外销售

19. 甲公司为增值税一般纳税人，2020 年 3 月 1 日购进一台机器设备，自己使用 2 年后，2022 年4 月 1 日将其出售，售价 208 万元（含税）。甲公司应纳增值税（　　）万元。

A. 23.93　　B. 35.00　　C. 40.60　　D. 12.55

20. 某企业月末盘点时发现，上年购进已抵扣进项税额的纸张因管理不善，被水浸泡发生霉烂，无法销售，按账面成本 25 万元计入营业外支出；因市场价格下调，VCD 光盘账面价值减少

了 8.4 万元。则该企业当月应转出进项税额为（　　）万元。

A. 5.68　　B. 3.25　　C. 5.54　　D. 4.52

21. 下列关于个人所得税专项附加扣除的说法，不正确的是（　　）。

A. 大病医疗支出专项附加扣除，可以扣除未成年子女发生的医药费支出

B. 婴幼儿照护专项附加扣除必须是父母一方按照 1 000 元定额标准扣除

C. 住房贷款利息支出和住房租金支出的专项附加扣除只能选择其一

D. 同一学历继续教育的扣除期限不能超过 48 个月

22. 某公司将一台设备运往境外加工，出境时向海关报明价值 10 万美元。支付出境运费 2 000 美元和保险费 1 500 美元；支付境外加工费 4 000 美元，料件费 1 000 美元；支付复运进境的运输费 2 000 美元和保险费 500 美元，假设当期汇率 6.1，关税税率 6%，则该企业应缴纳的关税为（　　）元。

A. 2 745　　B. 3 560　　C. 3 980　　D. 4 520

23. 村民丁某在村里有两套房屋，将其中一间用作经营用，按照税法的规定，丁某可（　　）。

A. 不缴纳房产税　　B. 经营用的缴纳房产税

C. 暂免房产税　　D. 减半缴纳房产税

24. 根据企业所得税法律的规定，以下各项中，最低折旧年限为 5 年的固定资产是（　　）。

A. 生产设备　　B. 电子设备

C. 家具　　D. 小轿车

25. 下列关于契税减免的说法，不正确的是（　　）。

A. 对饮水工程运营管理单位为建设饮水工程而承受土地使用权，免征契税

B. 对公租房经营管理单位购买住房作为公租房，免征契税

C. 银行业金融机构、金融资产管理公司接收抵债资产，免征契税

D. 直系亲属之间的房屋赠与，免征契税

26. 根据《中华人民共和国企业所得税法》的规定，下列利息支出不得在企业所得税税前扣除的是（　　）。

A. 逾期偿还贷款的银行罚息

B. 非银行企业向营业机构支付的利息，不超过同期同类贷款利率

C. 在资产购置期间发生的合理的借款费用

D. 经过 12 个月以上的建造才能达到预定可销售状态的存货建造发生借款的利息支出

27. 下列各项个人所得中，适用 5%～35%超额累进税率的是（　　）。

A. 工资、薪金所得　　B. 稿酬所得

C. 个体工商户的生产、经营所得　　D. 财产租赁所得

28. 下列采用整备质量为计税标准的是（　　）。

A. 轮式专用机械车　　B. 客车

C. 船舶　　D. 游艇

29. 下列不属于印花税的纳税人的是（　　）。

A. 在我国境内书立应税凭证的个人

B. 证券交易印花税的受让方

C. 在我国境外书立在境内使用的应税凭证的单位

D. 在我国境内书立的应税凭证的外资企业

30. 纳税人对税务机关作出的下列行政行为不服时，既可以向行政复议机关申请复议，又可以向人民法院提起行政诉讼的是（　　）。

A. 罚款金额有争议　　B. 退税金额有争议

C. 征税范围有争议　　D. 适用税率有争议

31. 李某因未按规定提供纳税担保，税务机关依法对其采取税收保全措施时，不在保全措施范围之内的财产和用品是（　　）。

A. 李某收藏的古玩字画

B. 李某接送小孩上学必需的小汽车

C. 李某送给爱人的纪念结婚十周年的钻戒

D. 李某的叔叔因车祸致残，无工作能力，一直与李某共同生活，李某为其购买的电动轮椅

32. 凡是缴纳了耕地占用税的，从批准征收之日起满（　　）时开始征收城镇土地使用税。

A. 2 年　　B. 1 年

C. 6 个月　　D. 3 个月

33. 下列情况中，税务机关在 3 年内可以要求纳税人、扣缴义务人补缴税款，但不得加收滞纳金的是（　　）。

A. 因纳税人、扣缴义务人计算错误等失误，未缴或者少缴税款的

B. 抗税

C. 偷税、骗税

D. 因税务机关的责任，致使纳税人、扣缴义务人未缴或者少缴税款的

34. 根据《中华人民共和国预算法》，我国对地方政府发行公债管理权限的规定是（　　）。

A. 地方政府可自行发行公债

B. 地方政府发行公债的规模须经国务院确定

C. 地方政府所属部门可根据实际情况发行公债

D. 地方公债用于解决本地区财政经费的不足

35. 某电器企业（增值税一般纳税人）在收取货款时另向购买方收取延期付款利息20 000 元，企业作如下会计处理：

借：银行存款　　20 000

　　贷：财务费用　　20 000

下列关于该笔会计处理的表述，正确的是（　　）。

A. 该笔会计处理造成企业少缴增值税 1 200 元

B. 该笔会计处理造成企业少缴增值税 2 300.88 元

C. 该笔会计处理造成企业少缴增值税 2 600 元

D. 该笔会计处理造成企业少缴增值税 1 300 元

36. 下列检查方法中，不属于发票检查方法的是（　　）。

A. 盘存法

B. 对照检查法

C. 票面逻辑推理法

D. 发票真伪鉴别法

37. 2023年5月，大华商场（增值税一般纳税人，适用增值税税率为13%）零售货物并以现金形式取得含税销售收入339 000元，其正确的账务处理为（　　）。

A. 借：库存现金　339 000
　　贷：应付账款　339 000

B. 借：库存现金　339 000
　　贷：应收账款　339 000

C. 借：库存现金　339 000
　　贷：主营业务收入　300 000
　　　　应交税费——应交增值税（销项税额）　39 000

D. 借：主营业务收入　339 000
　　贷：应收账款　300 000
　　　　应交税费——应交增值税（进项税额）　39 000

38. 下列项目属于期间费用的是（　　）。

A. 制造费用　B. 销售费用

C. 待摊费用　D. 预提费用

39. 下列关于直接债务和或有债务的说法，不正确的是（　　）。

A. 直接债务是指在任何情况下都要承担的债务，不依附于任何事件

B. 或有债务是指由某一或有事项引发的债务

C. 政府的内外债属于或有债务

D. 基于法律规定的养老金负债是直接债务

40. 对企业的投入与产出分析一般采用（　　）。

A. 推理分析法　B. 控制分析法

C. 比较分析法　D. 盘存分析法

41. 下列不属于公债市场功能的是（　　）。

A. 实现公债的顺利发行和偿还　B. 合理有效调节社会资金的运行

C. 提高社会资金效率　D. 调节收入分配

42. 公债二级市场一般是（　　）之间的交易场所。

A. 政府与证券承销机构　B. 公债承购机构与认购者

C. 公债发行者与政府　D. 公债发行者与公债认购者

43. 政府预算是各项财政收支的汇集点和枢纽，这体现了政府预算的（　　）。

A. 预测性　B. 法律性　C. 集中性　D. 综合性

44. 提出财政预算应在一个完整的经济周期内保持收支平衡的理论的经济学家是（　　）。

A. 阿尔文·汉森　B. 勒纳

C. 巴斯坦布尔　D. 亚当·斯密

45. 《预算管理一体化规范》提出将（　　）作为预算管理的基本单元。

A. 预算资金　B. 预算单位

C. 预算项目　D. 预算编制

46. 审计部门预算监督的主要内容不包括（　　）。

A. 对预算编制的审计　B. 对预算执行的审计

C. 对决算的审计　　D. 对内部财务收支的监督

47. 适用于紧急情况或招标后没有供应商投标的采购方式是（　　）。

A. 单一来源采购　　B. 竞争性谈判采购

C. 公开招标采购　　D. 询价采购

48. 下列理论中，研究非纯公共品的供给、需求与均衡数量的理论是（　　）。

A. 公共物品及服务理论　　B. 集权分权理论

C. 财政联邦主义　　D. 俱乐部理论

49. 执行审批预算调整方案职权的机构是（　　）。

A. 各级人民代表大会　　B. 各级人民代表大会常务委员会

C. 各级政府　　D. 各级财政部门

50. 国库现金管理的操作方式不包括（　　）。

A. 公债回购　　B. 逆回购

C. 买回公债　　D. 商业银行活期存款

51. 下列属于中央与地方共同事权，中央将应分担部分委托地方实施而设立的专项转移支付的是（　　）。

A. 委托类专项转移支付　　B. 共担类专项转移支付

C. 引导类专项转移支付　　D. 救济类专项转移支付

52. 关于公共定价政策的说法，错误的是（　　）。

A. 强制义务教育适合采用免费和低价政策

B. 高价政策可以抑制消费

C. 该方法只适用于可以买卖的、适合采用定价收费方法管理的公共服务部门

D. 繁华地段的机动车停车费适合采用平价政策

53. 某市当地职工月平均工资为 6 000 元，王某的月工资为 20 000 元，其基本养老保险个人缴费基数的上限为（　　）元。

A. 6 000　　B. 12 000

C. 18 000　　D. 20 000

54. 下列措施中，不属于税款征收方式的是（　　）。

A. 查账征收　　B. 查定征收

C. 限额征收　　D. 定期定额征收

55. 依据分税制预算管理体制的要求，按税种划分中央和地方的收入，其原则是（　　）。

A. 事权与财力相结合　　B. 事权和收入相结合

C. 分级管理　　D. 一级政府一级预算

56. 造成通货膨胀的原因不包括（　　）。

A. 需求拉动　　B. 成本推动

C. 结构摩擦　　D. 信贷控制

57. 下列不属于财政政策工具的是（　　）。

A. 税收　　B. 信贷　　C. 预算　　D. 公债

58. 财政政策的主体是（　　）。

A. 中央政府　　B. 中央银行　　C. 财政部门　　D. 税务机关

59. 作为财政政策手段，财政补贴最主要的优点在于其（　　）。

A. 刚性和普遍性
B. 刚性和针对性
C. 灵活性和针对性
D. 灵活性和普遍性

60. 财政政策和货币政策的不同点不包括（　　）。

A. 两者的政策工具和调节范围不同
B. 两者在国民收入分配中所起的作用不同
C. 两者对需求调节的作用方向不同
D. 两者不能同时运用

二、多项选择题（共 20 题，每题 2 分。每题的备选项中，有 2 个或 2 个以上符合题意，至少有 1 个错项。错选，本题不得分；少选，所选的每个选项得 0.5 分）

61. 在市场经济条件下，财政配置资源的主要原因有（　　）。

A. 市场不提供公共物品
B. 市场资源配置的盲目性
C. 市场资源配置的竞争性
D. 市场资源配置的效率低下
E. 人们对财政配置的偏好

62. 下列属于公共物品的有（　　）。

A. 住房
B. 高等教育
C. 国防
D. 食品
E. 法律设施

63. 社会救济型社会保障制度的特点有（　　）。

A. 受保人不用缴纳任何费用
B. 保障基金完全由政府从专项预算中筹资
C. 受保人享受保障计划的津贴需要经过家庭收入及财产调查并符合条件
D. 受保人之间风险分担，互助互济
E. 受保人必须按规定缴费

64. 19 世纪德国经济学家瓦格纳提出的税收原则包括（　　）。

A. 财政政策原则
B. 国民经济原则
C. 适应国家本质原则
D. 社会公平原则
E. 税务行政原则

65. 衡量宏观税收负担的指标不包括（　　）。

A. 企业税收负担率
B. 直接税收负担率
C. 企业流转税收负担率
D. 国民生产总值负担率
E. 国民收入负担率

66. 关于国际税收的概念所包括的含义，说法正确的有（　　）。

A. 国际税收不能离开跨国纳税人这个因素
B. 国际税收是一个超越各国税制的独立税收体系
C. 国际税收不是一种独立的税种
D. 国际税收是跨国经济活动中形成的税收分配关系
E. 国际税收必须依附于一般的国家税收

67. 下列业务中，应当征收增值税的有（　　）。

A. 货物期货交易
B. 银行销售金银

C. 印刷图书、报纸、杂志　　D. 古旧图书

E. 专营烧卤熟制食品的个体工商户生产销售的烧卤熟制食品

68. 位于农村的甲企业受市区的乙企业委托加工木制一次性筷子，下列对乙企业城市维护建设税的税务处理正确的有（　　）。

A. 由乙企业在市区按7%的税率缴纳

B. 由乙企业按7%的税率自行选择纳税地点

C. 由甲企业在农村按1%的税率代收代缴乙企业的城市维护建设税

D. 由甲公司在市区按7%的税率代收代缴乙企业的城市维护建设税

E. 乙公司是纳税义务人

69. 依据企业所得税优惠政策，下列收入中，属于免税收入的有（　　）。

A. 企业购买国债取得的利息收入

B. 非营利组织从事营利性活动取得的收入

C. 在中国境内设立机构的非居民企业从居民企业取得与该机构有实际联系的红利收入

D. 在中国境内设立机构的非居民企业连续持有上市公司股票不足12个月取得的投资收益

E. 财政拨款

70. 下列个人应按税法规定的期限自行申报缴纳个人所得税的有（　　）。

A. 从中国境内两处以上取得工资的非居民个人　B. 取得境外所得的

C. 因移居境外注销中国户籍的　　D. 取得综合所得需要办理汇算清缴的

E. 取得应纳税所得，有扣缴义务人的

71. 下列关于耕地占用税的说法，正确的有（　　）。

A. 纳税人在批准临时占用耕地期满之日起2年内依法复垦，恢复种植条件的，全额退还已经缴纳的耕地占用税

B. 占用耕地建设农田水利设施的，不缴纳耕地占用税

C. 军事设施占用耕地，免征耕地占用税

D. 飞机场跑道占用耕地，减按每平方米2元的税额征收耕地占用税

E. 幼儿园占用耕地，免征耕地占用税

72. 根据烟叶税法律制度的规定，下列属于烟叶税征收范围的有（　　）。

A. 卷烟　　B. 烟丝

C. 晾晒烟叶　　D. 雪茄烟

E. 烤烟叶

73. 关于纳税检查的说法，正确的有（　　）。

A. 纳税检查的主体是税务机关

B. 纳税检查的客体包括代扣代缴义务人

C. 查询从事生产、经营的纳税人的银行存款账户，需要经过税务所所长的批准

D. 查询从事生产、经营的纳税人的银行存款账户，需凭全国统一格式的检查存款账户许可证明

E. 经县税务局局长批准，可以查询案件涉嫌人员的储蓄存款

74. 基本支出预算中项目支出预算的编制原则有（　　）。

A. 综合预算原则　　B. 定员定额原则

C. 追踪问效原则　　D. 科学论证原则

E. 优先保障原则

75. 税收收入划分的原则有（　　）。

A. 效率原则　　B. 适应原则

C. 恰当原则　　D. 集权与分权相结合的原则

E. 经济利益原则

76. 政府间转移支付的特点有（　　）。

A. 范围只限于政府之间　　B. 范围仅限于中央与地方之间

C. 是无偿的支出　　D. 范围仅限于地方之间

E. 并非政府的终极支出

77. 世界各国通用的公债发行方式主要包括（　　）。

A. 直接发行方式　　B. 承购包销方式

C. 公募招标方式　　D. 连续发行方式

E. 行政摊派方式

78. 现代预算制度的原则包括（　　）。

A. 年度性　　B. 统一性

C. 完整性　　D. 循环性

E. 公开性

79. 纳税担保的形式包括（　　）。

A. 纳税保证　　B. 纳税保全

C. 纳税抵押　　D. 税款追征

E. 纳税质押

80. 下列关于财政政策与货币政策不同点的说法，错误的有（　　）。

A. 财政并不直接参与国民收入的分配

B. 银行直接参加国内生产总值的分配

C. 财政在社会消费中起决定性作用

D. 银行的作用主要在于调整总量和产品结构

E. 银行信贷是扩张或紧缩需求的总阀门

三、案例分析题（共 20 题，每题 2 分，由单选和多选组成。错选，本题不得分；少选，所选的每个选项得 0.5 分）

（一）

某白酒生产企业为增值税一般纳税人，2023 年 6 月的业务如下：

（1）向某烟酒专卖店销售粮食白酒 30 吨，开具普通发票，取得收入 350 万元。

（2）将外购价值 6 万元的贡酒委托位于丁市的乙企业加工散装药酒 1 000 千克，收回时向乙企业支付不含增值税的加工费 1 万元，乙企业无同类产品售价，但已代收代缴消费税、城市维护建设税及教育费附加。

（3）委托加工收回后将其中 700 千克散装药酒继续加工成瓶装药酒 1 500 瓶进行销售，不含税售价 90 万元，另外收取礼盒费用 11.3 万元；将 200 千克散装药酒馈赠给相关单位，同类药酒的含税销售价为每千克 150 元。

已知：药酒的消费税税率为10%；白酒的消费税税率为20%，0.5元/500克。

根据以上资料，回答下列问题：

81. 白酒生产企业向专卖店销售白酒应缴纳增值税、消费税分别为（　　）万元。

A. 45.500；73.00　　B. 0；70.00

C. 309.734；63.00　　D. 40.270；64.95

82. 乙企业已代收代缴的消费税为（　　）万元。

A. 0　　B. 0.778

C. 0.800　　D. 1.282

83. 乙企业已代收代缴的城市维护建设税及教育费附加为（　　）万元。

A. 0　　B. 0.077 80

C. 0.062 24　　D. 0.038 90

84. 白酒生产企业本月销售的药酒应纳消费税和增值税（　　）万元。

A. 10.000；13.000　　B. 100.000；100.000

C. 13.169；10.130　　D. 10.000；13.169

85. 白酒生产企业本月馈赠散装药酒应纳增值税税额为（　　）万元。

A. 0　　B. 0.345 1

C. 0.435 9　　D. 0.900 0

（二）

某企业2022年经税务机关核准的应纳税所得额为－100万元。2022年度生产经营情况如下：

（1）取得销售收入5 200万元。

（2）全年发生销售成本2 200万元，税金及附加320万元。

（3）发生销售费用1 340万元，其中广告费700万元，业务宣传费200万元。

（4）管理费用960万元，其中业务招待费80万元，支付给其他企业的管理费30万元。

（5）财务费用12万元，系以年利率8%向非金融企业借入的9个月期的生产用资金200万元的借款利息（银行同期同类贷款年利率为5%）。

（6）投资收益54万元，其中国债利息收入24万元，取得从非上市的居民企业分回的税后利润30万元。

（7）营业外支出80万元，其中支付客户违约金20万元，法院诉讼费7万元，税收滞纳金3万元，非广告性质的赞助支出50万元。

（8）已计入成本费用中的实际支付的合理工资为72万元，实际上缴工会经费2.16万元，实际发生的职工福利费15.16万元，实际发生的职工教育经费5.6万元。

根据以上资料，回答下列问题：

86. 2022年度企业所得税前可以扣除的“销售费用”金额为（　　）万元。

A. 1 190.0　　B. 1 212.5

C. 1 220.0　　D. 1 340.0

87. 2022年度企业所得税前可以扣除的“管理费用”金额为（　　）万元。

A. 876　　B. 906

C. 930　　D. 960

88. 2022 年度企业所得税前可以扣除的“财务费用”金额为（　　）万元。

A. 7.5　　B. 8.5

C. 10.0　　D. 12.0

89. 工资与职工福利费、工会经费、职工教育经费纳税调整金额共计（　　）万元。

A. 0.72　　B. 5.08

C. 5.80　　D. 7.20

90. 2022 年度该企业应纳税所得额为（　　）万元。

A. 455.3　　B. 509.3

C. 555.3　　D. 609.3

（三）

中国公民章先生 2023 年 1 月从中国境内取得收入的情况如下：

（1）从任职公司取得工资收入 8 500 元。

（2）出版学术著作一部，出版社支付稿酬 80 000 元。

（3）一次性取得会计咨询收入 40 000 元。

（4）参加某电视台举办的有奖竞猜活动取得中奖所得 8 000 元。

（5）取得保险赔款 30 000 元。

（6）取得国债利息收入 50 000 元。

（7）转让上海证券交易所上市股票取得所得 15 000 元，通过沪港通投资香港联交所上市股票取得转让所得 8 000 元。

附：个人所得税预扣率表一（居民个人工资、薪金所得预扣预缴适用）

级数	累计预扣预缴应纳税所得额	预扣率	速算扣除数
1	不超过 36 000 元	3%	0
2	超过 36 000 元至 144 000 元的部分	10%	2 520
3	超过 144 000 元至 300 000 元的部分	20%	16 920
4	超过 300 000 元至 420 000 元的部分	25%	31 920
5	超过 420 000 元至 660 000 元的部分	30%	52 920
6	超过 660 000 元至 960 000 元的部分	35%	85 920
7	超过 960 000 元的部分	45%	181 920

个人所得税预扣率表二（居民个人劳务报酬所得预扣预缴适用）

级数	预扣预缴应纳税所得额	预扣率	速算扣除数
1	不超过 20 000 元的	20%	0
2	超过 20 000 元至 50 000 元的部分	30%	2 000
3	超过 50 000 元的部分	40%	7 000

根据以上资料，回答下列问题：

91. 章先生取得工资收入应预缴个人所得税（　　）元。

A. 395　　B. 105

C. 545　　D. 745

92. 章先生取得稿酬收入应预缴个人所得税（　　）元。

A. 8 960　　B. 11 200

C. 12 800　　D. 16 000

93. 章先生取得会计咨询收入应预缴个人所得税（　　）元。

A. 6 400　　B. 7 600

C. 8 000　　D. 9 600

94. 章先生参加有奖竞猜活动取得中奖所得应缴纳个人所得税（　　）元。

A. 0　　B. 1 280

C. 1 600　　D. 2 000

95. 关于章先生涉税事务的说法，正确的有（　　）。

A. 章先生取得的国债利息收入应缴纳 1 000 元的个人所得税

B. 章先生取得的保险赔款属于偶然所得，适用 20% 的个人所得税税率

C. 章先生通过沪港通投资香港联交所上市股票取得转让所得，免纳个人所得税

D. 章先生是自行申报纳税的纳税义务人

（四）

甲企业系煤炭开采企业，2023 年相关情况如下：

（1）共计拥有土地 65 000 平方米，其中，企业内部绿化占地 2 000 平方米。

（2）开采煤炭 150 万吨，销售 100 万吨，销售收入 300 万元。

（3）所拥有的房产原值共计 6 000 万元。自 1 月 1 日起，甲企业将原值 200 万元、占地面积 400 平方米的一栋仓库出租给本市乙企业存放货物，租赁合同约定租期 1 年，每月租金收入 1.5 万元。

（4）8 月 10 日，甲企业对委托某施工单位建设的加工车间办理验收手续，由在建工程转入固定资产原值 500 万元。

已知：甲企业所在地城镇土地使用税为 4 元/平方米，煤炭资源税税率为 2%，房产税计税余值的扣除比例为 20%。

根据以上资料，回答下列问题：

96. 关于甲企业纳税的说法，正确的是（　　）。

A. 甲企业内部绿化占地不征收城镇土地使用税

B. 甲企业以外的公共绿化用地暂免征收城镇土地使用税

C. 甲企业自用房产不缴纳房产税

D. 与乙企业签订的租赁合同不缴纳印花税

97. 甲企业应缴纳城镇土地使用税（　　）万元。

A. 23.52　　B. 24.32

C. 25.52　　D. 26.00

98. 甲企业出租仓库应缴纳房产税（　　）万元。

A. 1.08　　B. 1.68

C. 2.00　　D. 2.16

99. 甲企业应缴纳房产税（　　）万元。

A. 36.48　　B. 37.44

C. 59.44　　D. 42.36

100. 甲企业应缴纳资源税（　　）万元。

A. 0　　B. 2　　C. 3　　D. 6

参考答案及解析

《财政税收专业知识与实务》(中级) 考前预测卷 (一)

一、单项选择题

1. B【解析】公共物品的特征包括：①效用的不可分割性；②受益的非排他性；③取得方式的非竞争性；④提供目的的非营利性。受益的非排他性，即某个人或集团对公共物品的消费并不影响或妨碍其他个人或集团同时消费该公共物品，也不会影响其他个人或集团消费该公共物品的数量和质量。也就是说，一个人不管是否付费，都会消费而且必须消费这种物品。

2. B【解析】在市场经济条件下，社会资源的配置主体是市场，而不是政府。只有在市场失灵的领域，政府才有必要介入。

3. B【解析】财政收入分配职能的机制和手段之一是加强税收的调节作用。加强税收是调节收入分配的主要手段：通过间接税调节各类商品的相对价格，从而调节各经济主体的要素分配；通过企业所得税调节企业的利润水平；通过个人所得税调节个人的劳动收入和非劳动收入，使之维持在合理的差距范围内；通过资源税调节由于资源条件和地理条件而形成的级差收入；通过遗产税、赠与税调节个人财产分布等。

4. C【解析】按政府对财政支出的控制能力划分，财政支出可以分为可控制性支出和不可控制性支出。其中，不可控制性支出可解释为根据现行法律、法规所必须进行的支出，一般包括：①国家法律、法规已经明确规定的个人享受的最低收入保障和社会保障，如失业救济、养老金、职工生活补贴；②政府遗留义务和以前年度设置的固定支出项目，如债务利息支出、对地方政府的补贴等。

5. B【解析】政府干预的手段包括：①政府的宏观调控；②立法和行政手段；③组织公共生产和提供公共物品；④财政手段。

6. B【解析】最低费用选择法主要适用于军事、行政、文化、卫生等支出项目。有直接经济效益的支出项目（如基本建设投资支出），采用“成本—效益”分析法。

7. B【解析】财政在调整投资结构时发挥的财政职能是资源配置职能，选项 B 正确。

8. A【解析】财政投资即为政府投资，包括生产性投资和非生产性投资。财政投资的目的一般不是自身获利，而是社会的整体利益。由于政府财力雄厚，而且资金来源多半是无偿的，可以投资于大型项目和长期项目。

9. A【解析】目前澳大利亚和加拿大的公共养老金计划都是采取社会救济型的模式。

10. D【解析】我国的社会养老保险主要分为城镇企业职工基本养老保险、城乡居民基本养老保险和机关事业单位工作人员养老保险三种类型。

11. A【解析】从资金角度看，现收现付式的养老保险是一种靠后代养老的保险模式，上一代人并没有留下养老储备基金的积累，其养老金全部需要下一代人的缴费筹资，实际上这种保险靠的是代际之间的收入转移。

12. D【解析】税制结构是指税收制度中税种的构成及各税种在其中所处的地位。税制结构模式是指由主体税特征所决定的税制结构类型。

13. B【解析】税收平等原则中的横向公平是指对相同境遇的人课征相同的税收，即在一个国家的税收管辖权范围之内，要使税收普遍课征于一切应纳税的自然人和法人，不让任何人、任何企业有任何形式的免税特权。

14. D【解析】选项A、C的偶然所得和财产租赁所得按照20%的比例税率计算缴纳个人所得税；选项B的劳务报酬所得按照综合所得计算缴纳个人所得税；选项D的个体工商户从事生产经营所得按照经营所得计算缴纳个人所得税。

15. D【解析】目前，我国的税制结构具有较为典型的发展中国家税制结构的特点，货物和劳务税构成了我国税收总额的主体部分，财产和特定行为税的比重较低。就单个税种而言，增值税的比重最高，其次是企业所得税，选项D错误。

16. D【解析】税基是征税的客观基础；税率是税收制度的中心环节。选项D错误。

17. B【解析】财产税类包括房产税、契税、车船税。

18. C【解析】居民管辖权是指一国政府对本国居民的全部所得拥有征税权力，无论该收入是否来源于该国。选项A错误。收入来源地管辖权亦称“地域管辖权”，是指一国政府只对来自或被认为是来自本国境内的所得拥有征税权力。选项B错误。多数国家包括我国在实行收入来源地管辖权的同时，也实行居民管辖权。选项D错误。

19. C【解析】该日用百货商店当月应纳的增值税＝（80 000＋30 000）/（1＋3%）×3%≈3 203.88（元）。

20. A【解析】下列项目的进项税额不得从销项税额中抵扣：①用于简易计税方法计税项目、非增值税应税项目、免征增值税项目、集体福利或者个人消费的购进货物、劳务、服务、无形资产、不动产。②非正常损失的购进货物及相关的加工修理修配劳务或者交通运输业服务。③非正常损失的在产品、产成品所耗用的购进货物（不包括固定资产）、加工修理修配劳务或者交通运输业服务。④非正常损失的不动产，以及该不动产所耗用的购进货物、设计服务和建筑服务。⑤非正常损失的不动产在建工程（包括新建、改建、扩建、修缮、装饰不动产）所耗用的购进货物、设计服务和建筑服务。⑥贷款服务、餐饮服务、居民日常服务和娱乐服务。⑦纳税人接受贷款服务向贷款方支付的与该笔贷款直接相关的投融资顾问费、手续费、咨询费等费用。⑧适用一般计税方法的纳税人，兼营简易计税方法计税项目、免征增值税项目而无法划分不得抵扣的进项税额的。⑨增值税一般纳税人取得的增值税专用发票列入异常凭证范围，其尚未申报抵扣增值税进项税额的，暂不允许抵扣。已经申报抵扣增值税进项税额的，除另有规定外，一律作进项税额转出处理。

21. D【解析】对销售除啤酒、黄酒外的其他酒类产品而收取的包装物押金，无论是否返还以及会计上如何核算，均应并入当期销售额征税；对既作价随同应税消费品销售，又另外收取押金的包装物押金，凡纳税人在规定的时间内不予退还的，均应并入应税消费品的销售额，按照应税消费品的适用税率征收消费税。

22. B【解析】纳税人自产的应税消费品用于换取生产资料和消费资料、投资入股和抵偿债务等方面，应当按纳税人同类应税消费品的最高销售价格作为计税依据。选项B错误。

23. C【解析】滞纳金自关税缴纳期限届满滞纳之日起，至纳税人缴纳关税之日止，按滞纳税款万分之五的比例按日征收，周末或法定节假日不予扣除。

24. B【解析】当月该批小麦并未用于生产糕点，先抵扣9%，领用后再加计扣除1%。准予抵扣的进项税额＝200×9％＝18（万元）。

25. B【解析】根据《中华人民共和国企业所得税法》，国家需要重点扶持的高新技术企业，减按15％的税率征收企业所得税。但高新技术企业取得的高新技术产品（服务）收入必须占企业当年总收入的60％以上。

26. A【解析】企业受托加工制造大型机械设备、船舶、飞机，以及从事建筑、安装、装配工程业务或者提供其他劳务等，持续时间超过12个月的，按照纳税年度内完工进度或者完成的工作量确认收入的实现。

27. D【解析】印花税按季、按年或者按次计征，选项A错误。个人与电子商务经营者订立的电子订单免征印花税，选项B错误。专利权、专有技术使用权转让合同属于产权转移书据，选项C错误。

28. D【解析】企业与其关联方之间的业务往来，不符合独立交易原则而减少企业或者其关联方应纳税收入或者所得额的，税务机关有权按照合理方法调整。合理方法包括可比非受控价格法、再销售价格法、成本加成法、交易净利润法、利润分割法和其他符合独立交易原则的方法。

29. B【解析】个人所得税纳税人自行申报纳税的申报地点包括任职、受雇单位所在地，实际经营所在地，经常居住地，户籍所在地或劳务发生地。

30. A【解析】反映财政活动规模的指标有两种：①财政收入及其占国内生产总值的比重；②财政支出及其占国内生产总值的比重。

31. A【解析】契税是以所有权发生转移的不动产为征税对象，向产权承受人征收的一种财产税。

32. C【解析】根据题干，提取信息：①开采原油过程中，用于加热、修井的原油免税，即“加热、修井用2万吨”免税；②“将3万吨原油赠送给协作单位”视同销售，需要缴纳资源税；③三次采油、深水油气田资源税减征30％。该油气田当月应纳资源税＝［（20＋3）×6 000×6％＋600×2×6％］×（1－30％）＝5 846.4（万元）。

33. A【解析】进口的应税消费品实行从价定率办法计算应纳税额，按组成计税价格计税。组成计税价格的公式为：组成计税价格＝（关税完税价格＋关税）/（1－消费税比例税率）。

34. C【解析】选项A“企业所得税税款”和选项D“赞助支出”属于禁止税前扣除的项目；工资、薪金必须是实际发放的才能扣除，计提的不能扣除，故选项B不能在企业所得税税前扣除。

35. A【解析】融资租赁的房产由承租人自融资租赁合同约定开始日的次月起依照房产余值缴纳房产税。合同未约定开始日的，由承租人自合同签订的次月起依照房产余值缴纳房产税。

36. A【解析】纳税人不办理税务登记的，税务机关应当自发现之日起3日内责令其限期改正；逾期不改正的，处2 000元以下的罚款；情节严重的，处2 000元以上10 000元以下的罚款。纳税人通过提供虚假的证明资料等手段，骗取税务登记证的，处2 000元以下的罚款；情节严重的，处2 000元以上10 000元以下的罚款。纳税人涉嫌其他违法行为的，按有关法律、行政法规的规定处理。扣缴义务人未按照规定办理扣缴税款登记的，税务机关应当自发现之日起3日内责令其限期改正，并可处以1 000元以下的罚款。纳税人、扣缴义务人违反规定，拒不接受税务机关处理的，税务机关可以收缴其发票或者停止向其发售发票。

37. D【解析】个人所得税的专项附加扣除中，实施定额扣除的有子女教育、婴幼儿照护、继续教育、住房贷款利息、住房租金、赡养老人支出。大病医疗支出限额扣除。

38. C【解析】开具发票时，全部联次一次性如实开具，开具纸质发票应加盖发票专用章。

39. B【解析】房屋所有权相互交换，双方交换价值相等，免纳契税，办理免征契税手续。其价值不相等的，按超出部分由支付差价方缴纳契税。故居民甲需缴纳契税＝20×3%＝0.6（万元）。

40. D【解析】采用以辆为计税标准的车辆有：乘用车、客车、摩托车等。选项D错误。

41. A【解析】房产税的征税范围不包括农村，主要是为了减轻农民负担。选项B错误。由国家财政部门拨付事业经费的单位自用的房产，免征房产税。选项C错误。产权出典的，由承典人纳税。选项D错误。

42. D【解析】车辆购置税的纳税义务发生时间为纳税人购置应税车辆的当日。纳税人应当自纳税义务发生之日起60日内申报缴纳车辆购置税。

43. B【解析】企业不征税收入包括：①财政拨款；②依法收取并纳入财政管理的行政事业性收费；③依法收取并纳入财政管理的政府性基金；④国务院规定的其他不征税收入。免税收入包括：①国债利息收入、地方政府债券利息收入；②符合条件的居民企业之间的股息、红利等权益性投资收益；③在中国境内设立机构、场所的非居民企业从居民企业取得与该机构、场所有实际联系的股息、红利等权益性投资收益；④符合条件的非营利组织的收入。

44. D【解析】企业从事下列农、林、牧、渔业项目的所得，减半征收企业所得税：①花卉、茶以及其他饮料作物和香料作物的种植；②海水养殖、内陆养殖。

45. C【解析】税收强制执行措施适用范围包括未按照规定的期限缴纳或者解缴税款，经责令限期缴纳，逾期仍未缴纳的从事生产、经营的纳税人、扣缴义务人和纳税担保人。选项A、D错误。个人及其所扶养家属维持生活必需的住房和用品，不在强制执行措施范围之内，轿车不属于维持生活必需的用品，所以在强制执行范围之内。选项B错误。

46. B【解析】采用预收货款方式销售产品（商品），于企业发出产品（商品）时确认销售实现。企业收到货款时，其账务处理为：

借：银行存款	22 600	
贷：合同负债		22 600

47. A【解析】周转使用、收取押金的包装物，单独记账核算的，不并入销售额征收增值税。该服装企业的账务处理为：

借：银行存款	1 130	
贷：其他应付款		1 130

48. D【解析】税务机关每年4月确定上一年度纳税信用评价结果，选项A错误。纳税信用评价方法是年度评价指标得分和直接判级方式，选项B错误。纳税评级管理办法不适用于评价年度内无生产经营业务收入的企业，选项C错误。

49. A【解析】存在逃避缴纳税款，未构成犯罪，但逃避缴纳税款金额10万元以上且占各税种应纳税总额10%以上情形的，本评价年度直接判为D级。

50. B【解析】功能财政预算政策的核心内容是要说明政府不必局限于预算收支之间的对比关系，保持预算收支的平衡，而重要的是为保持国民经济整体的平衡，采用相机抉择方式来实现政策目标。

51. C【解析】公正原则是指采购方及其代理人相对于作为投标人、潜在投标人的若干供应商而言，应当站在公允的立场上，对所有的供应竞争者都应当平等对待。为了确保政府采购活动中的公正原则，《中华人民共和国政府采购法》建立了回避制度。

52. A【解析】目前，在会计核算上，美国、法国、加拿大等国已经有选择地采用了改良的或修正的权责发生制；澳大利亚、新西兰和英国三个国家则实行完全的权责发生制。其中，澳大利亚、新西兰等国还将权责发生制应用到预算管理上。

53. C【解析】查尔斯·提布特在《地方支出的纯理论》一文中提出了地方政府之间的竞争理论。他认为，人们之所以选择某一个地方作为自己的居住地，是因为他们想在一个国家内部寻找地方政府所提供的公共物品和服务与所征税收之间的最佳关系，这种组合关系能够实现自己的效用最大化。

54. A【解析】选项A，建立一般性转移支付合理增长机制，结合均衡区域间财力需要，逐步提高一般性转移支付规模；合理控制专项转移支付新增项目和资金规模，逐步退出市场机制能够有效调节的相关领域，整合政策目标接近、资金投入方向类同、资金管理方式相近的项目。

55. D【解析】各级人民政府是预算管理的国家行政机关。主要职权有：编制预算、决算草案；向本级人民代表大会作关于预算草案的报告；组织预算的执行；决定预算预备费的动用；编制预算调整方案；监督预算执行等。

56. D【解析】专项转移支付是指上级政府为了实现特定的经济和社会发展目标给予下级政府，并由下级政府按照上级政府规定的用途安排使用的预算资金。如我国在基础设施建设、农业、教育卫生、社会保障以及环境保护等方面均设立了专项转移支付项目。

57. A【解析】分事是按照一定社会管理和经济体制的要求，在各级政府间划分社会管理权和经济管理权，并以此为依据确定各级政府的预算支出范围，选项A正确。

58. B【解析】相机抉择的财政政策是指政府有意识地运用政策手段来调节社会总供求，是政府利用国家财力有意识干预经济运行的行为，也称为“斟酌使用的财政政策”。

59. B【解析】直接信用控制是指从质和量两个方面，以行政命令或其他方式，直接对金融机构尤其是商业银行的信用活动所进行的控制。其手段包括利率最高限、信用配额、流动性比率和直接干预。

60. C【解析】财政政策工具包括预算收支、公债、税种、税率、财政贴息和财政补贴等。

二、多项选择题

61. CDE【解析】经济稳定通常是指：①充分就业；②物价稳定；③国际收支平衡。

62. ABDE【解析】不可控制性支出一般包括两类：①国家法律、法规已经明确规定的个人享受的最低收入保障和社会保障，如失业救济、养老金、职工生活补贴等；②政府遗留义务和以前年度设置的固定支出项目，如债务利息支出、对地方政府的补贴等。

63. ABCD【解析】直接影响行政管理支出规模的主要因素有：政府职能、机构设置、行政效率、管理费本身的使用效率。

64. ACDE【解析】市场失灵的突出表现包括：①市场垄断；②信息不充分和不对称；③外部效应；④收入分配不公；⑤经济波动与失衡。

65. ABCE【解析】亚当·斯密在其代表作《国民财富性质和原因的研究》中提出了著名的税收四原则，即平等原则、确定原则、便利原则、最少征收费用原则。

66. AB【解析】禁止性补贴包括出口补贴和进口替代补贴。

67. ABE【解析】企业重组同时符合下列条件的，适用特殊性税务处理规定：①具有合理的商业目的，且不以减少、免除或者推迟缴纳税款为主要目的；②被收购、合并或分立部分的资产或股权比例符合规定的比例；③企业重组后的连续12个月内不改变重组资产原来的实质性经营活动；④重组交易对价中涉及股权支付金额不低于交易支付总额的85%；⑤企业重组中取得股权支付的原主要股东，在重组后连续12个月内，不得转让所取得的股权。

68. BC【解析】纳税人自产自用应税消费品的，消费税纳税义务发生时间为移送使用的当天。选项A错误。采取赊销和分期收款结算方式的，消费税纳税义务发生时间为书面合同约定的收款日期的当天。选项D错误。采取预收货款结算方式的，消费税纳税义务发生时间为发出应税消费品的当天。选项E错误。

69. ABC【解析】房地产开发企业开发的商品房在出售前，不征收房产税；经有关部门鉴定，对损毁不堪居住的房屋和危险房屋，在停止使用后，可免征房产税；老年服务机构自用的房产免征房产税；产权未确定及租典纠纷未解决的，由房产代管人或者使用人纳税；纳税人因房屋大修导致连续停用半年以上的，在房屋大修期间免征房产税。选项D、E属于房产税的征税范围。

70. ABE【解析】外来原始凭证包括进货发票、进账单、汇款单、运费发票等。

71. ABE【解析】或有隐性债务的主要类型有：金融机构不良资产、国有企业未弥补亏损、对供销社系统及对农村合作基金会的援助。欠发职工工资而形成的债务、粮食收购和流通中的亏损挂账、乡镇财政债务属于直接显性债务。

72. ABDE【解析】纳税申报方式包括直接申报（上门申报）、邮寄申报、数据电文申报和委托代理申报。

73. ABC【解析】征税行为包括确认纳税主体、征税对象、征税范围、减税、免税、退税、抵扣税款、适用税率、计税依据、纳税环节、纳税期限、纳税地点和税款征收方式等具体行政行为，征收税款、加收滞纳金，扣缴义务人、受税务机关委托的单位和个人作出的代扣代缴、代收代缴、代征行为等。

74. BE【解析】根据国库现金管理，当出现长期性财政资金盈余时，通过减少公债发行或买回公债等方式降低国库现金余额。当出现季节性财政资金缺口时，通过发行1年期以下的短期公债予以弥补，必要时，可以通过发行期限为几天的现金管理券弥补临时性的资金缺口。选项A、C、D不是出现长期性财政资金盈余时的措施。

75. AB【解析】企业被相关部门处以的罚款、罚金记入“营业外支出”科目，不可在税前扣除。

76. BCE【解析】我国转移支付的特点是单方面的、无偿的支出，主要包括补助支出、捐赠支出和债务利息支出。

77. AB【解析】复式预算是把预算年度内的全部财政收支按收入来源和支出性质，分别编成两个或两个以上的预算，从而形成两个或两个以上的收支对照表。复式预算的典型形式是双重预算，一是经常预算，二是资本预算。

78. ACD【解析】我国财政国库管理制度改革的主要内容有改革账户管理体系、改革资金收缴方式、改革资金支付方式。

79. DE【解析】财政政策稳定功能的主要特征有反周期性和补偿性。

80. ACD【解析】一个完整的财政政策体系包括税收政策、支出政策、预算政策、公债政策等。

三、案例分析题

（一）

81. C【解析】对增值税一般纳税人向购买方收取的价外费用（装卸费属于价外费用），应视为含税收入，在征税时换算成不含税收入并入销售额计征增值税。故该企业采用预收货款方式销售发电机组的销项税额＝3×30 000×13%＋3 390÷（1＋13%）×13%＝12 090（元）。

82. A【解析】采取分期收款方式销售货物，为书面合同约定的收款日期的当天，无书面合同的或者书面合同没有约定收款日期的，为货物发出的当天。故该企业采取分期收款方式销售发电机组的销项税额＝79 100÷（1＋13%）×13%＝9 100（元）。

83. A【解析】委托其他纳税人代销货物，增值税纳税义务发生时间为收到代销单位的代销清单或者收到全部或者部分货款的当天。商场本月无销售，无增值税应税项目，故该企业委托代销发电机组的销项税额为0。

84. C【解析】纳税人进口货物，按照组成计税价格和规定的税率计算应纳税额，不得抵扣任何税额；根据运费结算单据（专用发票）所列金额，按照9%的增值税税率计算进项税额，进行抵扣。故进口原材料的进项税额＝120 000×（1＋50%）×13%＋5 000×9%＝23 850（元）。

85. A【解析】本企业专门自制发电机组视同销售计算缴纳增值税，没有同类消费品销售价格的，按组成计税价格计税。则本企业专门自制发电机组的销项税额＝35 000×（1＋10%）×13%＝5 005（元）。故该企业当月应纳增值税税额＝当月销项税额－当月进项税额＝（12 090＋9 100＋0＋5 005）－（2 000＋23 850）＝345（元）。

（二）

86. C【解析】企业安置《中华人民共和国残疾人保障法》规定的残疾人员的，在按照支付给残疾职工工资据实扣除的基础上，按照支付给残疾职工工资的100%加计扣除。则该企业今年允许税前扣除的工资、薪金＝200＋50＝250（万元）。

87. D【解析】企业发生的与生产经营活动有关的业务招待费支出，按照发生额的60%扣除，但最高不得超过当年销售（营业）收入的5‰。业务招待费的60%＝80×60%＝48（万元），销售收入的5‰＝1 800×5‰＝9（万元）。故该企业可以扣除的业务招待费为9万元，则该企业今年不允许税前扣除的业务招待费80－9＝71（万元）。

88. A【解析】企业发生的职工福利费支出，不超过工资、薪金总额14%的部分，准予扣除。工资、薪金总额的14%＝200×14%＝28（万元），该企业的职工福利费为60万元，超出了限额，故今年允许税前扣除的职工福利费为28万元。

89. B【解析】除国务院财政、税务主管部门另有规定外，企业发生的职工教育经费支出，不超过工资、薪金总额8%的部分，准予扣除；超过部分，准予在以后纳税年度结转扣除。工资、薪金总额的8%＝200×8%＝16（万元），该企业职工教育经费为30万元，超出了限额，故今年允许税前扣除的职工教育经费为16万元，剩下的准予在以后纳税年度结转扣除。

90. C【解析】企业购置并实际使用税法规定的环境保护、节能节水、安全生产等专用设备的，该专用设备的投资额的10%可以从企业当年的应纳税额中抵免；当年不足抵免的，可以在以后5个纳税年度结转抵免。则该企业可以抵免的应纳税额＝600×10%＝60（万元）。

（三）

91. C【解析】根据税法有关规定，买卖合同的印花税税率为0.3‰。印花税是行为税，合同没有执行也要纳税。应缴纳印花税＝200 000×0.3‰＝60（元）。

92. A【解析】根据税法有关规定，借款合同的印花税税率为0.05‰。应缴纳印花税＝400 000×0.05‰＝20（元）。

93. B【解析】根据税法有关规定，专有技术使用权转让书据的印花税税率为0.3‰。应缴纳印花税＝100 000×0.3‰＝30（元）。

94. C【解析】根据税法有关规定，营业账簿的印花税税率为0.25‰。应缴纳印花税＝（200 000＋50 000）×0.25‰＝62.5（元）。

95. C【解析】应税合同、产权转移书据未列明金额的，印花税的计税依据按照实际结算的金额确定。计税依据仍不能确定的，按照书立合同、产权转移书据时的市场价格确定；依法应当执行政府定价或者政府指导价的，按照国家有关规定确定。

（四）

96. AB【解析】从销售方取得的增值税专用发票上注明的增值税额为准予从销项税额中抵扣的进项税额。选项C错误。进项税额不需要做转出处理。选项D错误。

97. C【解析】在货物销售的同时收取包装物租金的，由于包装物租金为货物销售收取的价外费用，应并入销售额按包装货物适用税率计征增值税。故甲企业向A企业收取的包装物租金应调增增值税销项税额＝1 000÷（1＋13%）×13%≈115（元）。

98. C【解析】销售商品给小规模纳税人的适用税率为13%。则甲企业销售给B企业产品应调增增值税销项税额＝2 260÷（1＋13%）×13%＝260（元）。

99. B【解析】将自产产品用于职工福利，视同销售，应缴纳增值税。应纳增值税＝5×1 000×13%＝650（元）。账务调整为：

借：应付职工薪酬　　　　650

　　贷：应交税费——应交增值税（销项税额）　　　　650

100. A【解析】为装修厂房外购的原材料其进项税额准予抵扣。账务调整为：

借：应交税费——应交增值税（进项税额）　　　　13 000

　　贷：在建工程　　　　13 000

《财政税收专业知识与实务》（中级）考前预测卷（二）

一、单项选择题

1. B【解析】公共物品具有效用的不可分割性。选项A错误。公共物品是西方经济学中的一个具有特定意义的概念，它与私人物品的区别主要是就消费该物品的不同特征来加以区别的，而不是物品的所有制性质。选项C、D错误。

2. C【解析】国际收支平衡是指一国在进行国际经济交往时，其经常项目和资本项目的收支合计大体保持平衡，在开放的经济条件下，国际收支平衡是经济稳定的一个重要内容和标志。

3. B【解析】内在稳定器是指财政收支制度设计具有对经济总量自动调节的功能，即人们在设计财政收支制度的时候，使财政收支的扩大与缩小和总需求与总供给呈相反方向的变化，以此维持经济稳定增长的局面。内在稳定器调节主要表现在财政收入和财政支出两方面，在财政收入方面，主要实行累进所得税制。

4. B【解析】马斯格雷夫和罗斯托用经济发展阶段论解释公共支出增长。

5. A【解析】财政支出无论从绝对量还是从相对量来看，世界各国都呈现出上升的趋势。

6. C【解析】对公共物品和公共劳务的定价政策一般有四种情况，即免费、低价、平价和高价。其中，在平价政策下，可以用收取的费用弥补该项公共物品和公共劳务的人力、物力耗费，一般适用于从全社会的利益来看，既无须特别鼓励使用，又无须特别加以限制使用的公共物品和公共劳务，如公路、公园、铁路、医疗等。

7. A【解析】社会保障制度最早产生于 19 世纪 80 年代的德国。

8. C【解析】财政补贴的主体是国家；补贴的对象是企业和居民；补贴的目的是贯彻一定的政策，满足某种特定的需要，实现特定的政治、经济和社会目标；补贴的性质是通过财政资金的无偿补助而进行的一种社会财富的再分配。

9. D【解析】节俭基金型是政府按照个人账户的方式举办的社会保障计划。这种保障计划虽然没有任何收入再分配的功能，但却具有强制储蓄的功能。

10. D【解析】税收支出是指政府出于引导、扶持某些经济活动，刺激投资意愿或补助某些财务困难的集团而制定各种税收优惠措施，其目的不在于取得收入，而是为了实现特定目标而放弃一些税收。

11. D【解析】我们在衡量财政支出的规模时，用财政支出占国内生产总值的比重衡量。

12. B【解析】教育不能完全由政府免费提供，而是既可以向受教育者收费，也可以由私人举办。选项 A 错误。应用性的科研经费可由微观主体来承担。选项 C 错误。根据国内各种统计文件普遍采用的做法，我们将教育、科学技术和医疗卫生支出归入非生产性范畴。选项 D 错误。

13. C【解析】为适应现代市场经济大众的要求和现代国家社会政策的需要，税收应遵循的基本原则有财政原则、经济原则、公平原则。其中，经济原则包括配置原则和效率原则。

14. C【解析】一般纳税人选择简易办法计算缴纳增值税后 36 个月内不得变更。

15. C【解析】对本国居民来自境外所得实行免税法，所以 Lily 在 B 国发生的 100 万元收入不用在 A 国纳税。Lily 在 A 国应纳税＝200×30％＝60（万元）。

16. B【解析】税负转嫁的形式包括前转、后转、消转、税收资本化。其中，后转是指纳税人通过压低生产要素的进价从而将应缴纳的税款转嫁给生产要素的销售者或生产者负担的税负转嫁形式。

17. D【解析】国际重复征税是指两个或两个以上国家对跨国纳税人的同一征税对象或税源进行分别征税所形成的交叉重叠征税。产生国际重复征税的问题是由两个或两个以上国家税收管辖权交叉重叠直接导致的。

18. D【解析】选项 A、B、C 属于货物和劳务税类；选项 D 属于行为、目的税类。

19. D【解析】鉴证咨询服务包括认证服务、鉴证服务和咨询服务。企业管理服务、代理报关服务、安全保护服务属于商务辅助服务。

20. D【解析】电子烟在生产（进口）环节和批发环节征收消费税，零售环节不征收消费税。

21. D【解析】按照《中华人民共和国消费税暂行条例》的规定，纳税人自产自用的应税消费品，用于连续生产应税消费品的，不纳税。纳税人自产自用的应税消费品，不是用于连续生产应税消费品，而是用于其他方面的，于移送使用时纳税。

22. D【解析】高档化妆品销售应于货物发出时缴纳消费税，并同时缴纳增值税。因此，该笔收入应纳消费税税额＝5 650÷（1＋13％）×15％＝750（元）。

23. D【解析】消费税的征收范围包括：①烟；②酒；③高档化妆品；④贵重首饰及珠宝玉石；⑤鞭炮、焰火；⑥成品油；⑦摩托车；⑧小汽车；⑨高尔夫球及球具；⑩高档手表；⑪游艇；⑫木制一次性筷子；⑬实木地板；⑭电池；⑮涂料。

24. C【解析】运往境外加工的货物，出境时已向海关报明，并在海关规定期限内复运进境的，应当以海关审定的境外加工费和料件费，以及该货物复运进境的运输及其相关费用、保险费为基础审查确定关税完税价格。该企业应缴纳进口关税税额＝（20＋10＋5）×10％＝3.5（万元）。

25. C【解析】符合条件的小型微利企业是指从事国家非限制和禁止行业，且同时符合年度应纳税所得额不超过 300 万元、从业人数不超过 300 人、资产总额不超过 5 000 万元等 3 个条件的企业，该企业不属于此范畴，适用一般的企业所得税税率，法定税率为 25％。

26. C【解析】防范资本弱化规定，企业从其关联方接受的债权性投资与权益性投资的比例超过以下规定比例而发生的利息支出，不得在计算应纳税所得额时扣除：①金融企业，为 5∶1；②其他企业，为 2∶1。

27. C【解析】该笔劳务报酬所得应预扣预缴税款＝（5 000－5 000×20％）×20％＝800（元）。

28. B【解析】特定扣缴是规定应当依法扣缴所得税，但扣缴义务人未依法扣缴，纳税人也未依法缴纳的，税务机关可以从该纳税人在中国境内其他收入项目的支付人应付的款项中，追缴该纳税人的应纳税额。

29. D【解析】经有关部门鉴定，对损毁不堪居住的房屋和危险房屋，在停止使用后，可免征房产税。选项 A 错误。纳税人因房屋大修导致连续停用半年以上的，在房屋大修期间免征房产税。选项 B 错误。房产税的征税范围不包括农村。选项 C 错误。

30. B【解析】房屋所有权相互交换，双方交换价值不相等的，按超出部分由支付差价方缴纳契税。故该公司两笔互换房产业务应缴纳契税税额＝300×3％＝9（万元）。

31. B【解析】适用于中国境内，并在中国境内具备法律效力的应税凭证，无论在中国境内或者境外书立，均应依照印花税的规定贴花。选项 B 错误。

32. A【解析】城市维护建设税和教育费附加的计税依据是纳税人实际缴纳的“两税”税额，城市维护建设税的税率根据纳税人所在地的不同设置了三档税率，纳税人所在地为县城的，税率为 5％，而教育费附加的税率统一为 3％。本题的计税依据是增值税税额 280 万元和租金收入应纳的增值税税额为 3.6 万元（40×9％），该企业本月应缴纳的城市维护建设税和教育费附加＝（280＋3.6）×（5％＋3％）≈22.69（万元）。

33. B【解析】纳税人不办理税务登记的，税务机关应当自发现之日起 3 日内责令其限期改正；逾期不改正的，处 2 000 元以下的罚款；情节严重的，处 2 000 元以上10 000元以下的罚款。

34. A【解析】纳税质押是指经税务机关同意，纳税人或纳税担保人将其动产或权利凭证移交税务机关占有，将该动产或权利凭证作为税款及滞纳金的担保。纳税抵押是指纳税人或纳税担保人不转移财产的占有，将该财产作为税款及滞纳金的担保。选项 A 错误。

35. B【解析】由纳税信用 D 级纳税人的直接责任人员注册登记或者负责经营，纳税信用关联评价为 D 级的纳税人，申请前连续 6 个月没有新增纳税信用失信行为记录的，可向主管税务机关申请纳税信用修复。

36. A【解析】该公司采用预收款方式提供租赁服务，纳税义务发生时间为收到预收款的当天，所以甲公司应对收到的预付款计提销项税额，即：2022 年 5 月该公司的销项税额＝10 900 000/（1＋9％）×9％＝900 000（元）。收到预收款时，其会计分录为：

借：银行存款　　10 900 000

　　贷：合同负债——租赁款　　10 000 000

　　　　应交税费——应交增值税（销项税额）　　900 000

37. B【解析】一般的纳税人应根据国务院财政、税务主管部门的规定和税收征管法的要求，自领取营业执照之日起 15 日内设置账簿。

38. C【解析】企业收取的包装物使用费属于价外费用，应并入销售额中计算增值税。周转使用、收取未逾期的包装物押金，单独记账核算的，不并入销售额征税。则本月该企业应缴纳的增值税税额＝［200×1 000＋20 000÷（1＋13％）］×13％≈28 300.88（元）。

39. C【解析】委托加工的应税消费品，按照受托方的同类消费品的销售价格计算纳税；没有同类消费品销售价格的，按照组成计税价格计算纳税。则其组成计税价格＝（22 600＋5 650）÷（1＋13％）÷（1－10％）≈27 777.78（元）。

40. A【解析】新试制加工的化妆品用于职工奖励，属于自产自用行为，按照税法的有关规定，企业要视同销售计算增值税、消费税。该产品无同类产品的对外售价，因此按组成计税价格计算。则其组成计税价格的计算公式为：组成计税价格＝（成本＋利润）÷（1－消费税比例税率）。

41. A【解析】委托加工的应税消费品是指由委托方提供原料和主要材料，受托方只收取加工费和代垫部分辅助材料加工的应税消费品。

42. C【解析】纳税检查的对象是纳税人所从事的经济活动和各种应税行为，以及履行纳税义务的情况。

43. B【解析】企业销售商品同时满足下列条件的，应确认为收入的实现：①商品销售合同已经签订，企业已将商品所有权相关的主要风险和报酬转移给购货方；②企业对已售出的商品既没有保留与所有权相联系的继续管理权，也没有实施有效控制；③收入的金额能够可靠地计量；④已发生或将发生的成本能够可靠地核算。

44. C【解析】公债发行管理权限规定的中心问题是是否授予地方政府以公债发行权和相应的管理权。

45. D【解析】发行市场的存在是流通市场存在的前提条件，只有在发行市场才能创造出新的资产。选项 D 错误。

46. B【解析】政府预算决策过程的实质是对公共偏好的选择。政府的预算决策是对公共偏好的选择，公共偏好以个人为评价基础，公共偏好采取政治程序决策。

47. B【解析】政府预算资金供给方的行为特征包括：①具有双重委托—代理关系；②政府预算管理活动中有诱发设租寻租收益的可能。

48. C【解析】零基预算的优点在于预算收支安排不受以往年度收支的约束，预算编制有较大回旋余地，可突出当年政府经济社会政策重点，充分发挥预算政策的调控功能。

49. D【解析】政府预算的原则包括公开性、可靠性、完整性、统一性、年度性。

50. B【解析】竞争性谈判采购是指采购人通过与多家供应商进行分别谈判后从中确定中标供应商并授予合同的采购方式。

51. A【解析】国库集中收付制度中集中收付的对象主要是财政性收支。

52. D【解析】零基预算的优点是在于预算收支安排不受以往年度收支的约束，预算编制有较大回旋余地，可突出当年政府经济社会政策重点，充分发挥预算政策的调控功能，防止出现预算收支结构僵化和财政拖累。

53. B【解析】投入预算的决策重点在于如何控制资源的投入和使用，保证预算按预定的规则运行，而不是强调是否达到政府的政策目标，投入与产出比较的效率如何。

54. C【解析】政府间事权的划分是政府职能在各级政府间分工的具体体现，也是财政分权管理体制的基本内容和制度保障。

55. C【解析】政府间转移支付包括上级政府对下级政府的各项补助、下级政府向上级政府的上解收入、共享税的分配以及发达地区对不发达地区的补助等。

56. D【解析】实行政府间转移支付的理论依据包括：①纠正政府间的纵向财政失衡；②纠正政府间的横向财政失衡；③纠正某些公共物品或服务的外部性；④加强中央对地方财政的宏观调控。

57. B【解析】财政收支矛盾的客观性决定了收支不平衡是财政收支运动的基本形态。

58. B【解析】目前世界上多数国家采用软赤字的计算口径来统计本国的财政赤字。自1993年起，我国财政部统计公布的财政赤字亦为软赤字。

59. A【解析】财政赤字的排挤效应是指由财政赤字的弥补而导致私人经济部门投资以及个人消费减少的现象。一般来讲，财政赤字的排挤效应是否明显主要受货币需求和投资对利率的弹性大小的制约。假定其他条件不变，在投资对利率富有弹性时，财政赤字的排挤效应明显。

60. C【解析】政府预算作为一种控制财政收支及其差额的机制，在各种财政政策手段中居于核心地位，它能系统地、明显地反映政府财政政策的意图和目标，具有综合性、计划性和法律性等特点。

二、多项选择题

61. ABE【解析】在市场经济条件下，财政职能有资源配置职能、收入分配职能、经济稳定职能。

62. ACD【解析】最低费用选择法适用于那些只有社会效益，且其产品不能进入市场的支出项目，如国防、军事、行政、文化、卫生等支出项目。

63. AC【解析】PPP模式的优点主要体现：更高的经济效率、更高的时间效率、增加基础设施项目的投资、提高公共部门和私营部门的财务稳健性、基础设施和公共服务的品质得到改善、实现长远规划、树立公共部门的新形象、私营部门得到稳定发展等。

64. BE【解析】具有财政补贴性质的退税形式包括出口退税和再投资退税。

65. ABCE【解析】财政发挥经济稳定职能主要体现在：①通过财政预算收支进行调节；②通过制度性安排，发挥财政“内在稳定器”的作用；③通过财政投资、财政补贴和税收进行调节；④首先保证民生性的社会公共需求；⑤通过财政政策和其他政策配合进行调节。

66. ABCE【解析】解决国际重复征税的方法有低税法、扣除法、免税法、抵免法。

67. AB【解析】以所得税为主体的税制结构模式的优势主要体现在以下几个方面：①所得税作为直接税的一种，税负相对不易转嫁。通过所得税累进税率的设置，有利于实现税收的公平原则，对收入再分配具有重要的调节作用。②以所得税为主体的税制结构，税收收入弹性较高，具有自动稳定器功能，有利于一国宏观经济的稳定。选项C、D、E为以货物和劳务税为主体的税制结构的优势。

68. ADE【解析】选项B“卷烟厂将自产的烟丝移送用于生产卷烟”中，移送环节不缴纳消费税和增值税；选项C“日化厂将自产的香水精移送用于生产护肤品”中，若香水精移送用于生产的护肤品为高档护肤品，属于连续生产应税消费品，移送环节不缴纳消费税和增值税；若为低档护肤品，属于应税消费品自用，需缴纳消费税，但不缴纳增值税。

69. BCD【解析】企业一般收入项目的确认，采用权责发生制原则。选项A错误。以分期收款方式销售货物，按照合同约定的收款日期确认收入的实现。选项E错误。

70. ACD【解析】印花税按季、按年或者按次计征。实行按季、按年计征的，纳税人应当自季度、年度终了之日起15日内申报缴纳税款；实行按次计征的，纳税人应当自纳税义务发生之日起15日内申报缴纳税款。

71. ABD【解析】发生土地、房屋权属转移的，承受方应当依法缴纳契税的情形包括：①因共有不动产份额变化的；②因共有人增加或者减少的；③因人民法院、仲裁委员会的生效法律文书或者监察机关出具的监察文书等因素，发生土地、房屋权属转移的。

72. BCE【解析】无形资产包括技术、商标、著作权、商誉、自然资源使用权和其他权益性无形资产。选项A错误。无形资产的摊销年限不得低于10年。选项D错误。

73. BCE【解析】下列情形的凭证，不属于印花税征收范围：①人民法院的生效法律文书，仲裁机构的仲裁文书，监察机关的监察文书；②县级以上人民政府及其所属部门按照行政管理权限征收、收回或者补偿安置房地产书立的合同、协议或者行政类文书；③总公司与分公司、分公司与分公司之间书立的作为执行计划使用的凭证。选项A、D属于在境外书立在境内使用的应税凭证，应当按规定缴纳印花税。

74. CE【解析】按照与检查资料之间的相互关系，可将税务检查的基本方法分为联系查法和侧面查法。

75. ACDE【解析】选项B，赵某取得的加班工资，需依法缴纳个人所得税，不属于免征项目。

76. ABC【解析】我国全口径预算体系构成包括一般公共预算、政府性基金预算、国有资本经营预算、社会保险基金预算。

77. ABCD【解析】我国政府采购的基本原则有公开透明原则、公平竞争原则、公正原则、诚实信用原则、讲求绩效原则。

78. ABE【解析】单式预算的优点在于有利于反映预算的整体性、统一性，可以明确体现政府财政收支规模和基本结构，便于立法机构审议和公众监督。选项C、D错误。

79. BC【解析】以货物和劳务税为主体的税制结构模式的局限性主要体现在以下几个方面：①货物与劳务税与价格关系密切，一旦提高税率往往会导致价格上涨，抑制需求，从而使税收减少；②具有一定的累退性，不利于税收公平目标的实现。选项A、D、E为以所得税为主体的税制结构模式的局限性。

80. ABDE【解析】财政政策与货币政策的不同点有：①两者的政策工具和调节范围不同；②两者在国民收入分配中所起到的作用不同；③两者的政策时滞性不同；④两者在扩大和紧缩需求方面的作用不同；⑤两者对需求调节的作用方向不同。

三、案例分析题

（一）

81. C【解析】销售甲产品的销项税额＝80×13%＋5.65÷（1＋13%）×13%＝11.05（万元）。

82. C【解析】自产产品用于在建工程不视同销售，不计算缴纳增值税。

83. C【解析】外购免税农产品应抵扣的进项税额＝（30×9%＋5×9%）×（1－20%）＝2.52（万元）。

84. D【解析】该企业5月合计应缴纳的增值税税额＝11.05－2.52＝8.53（万元）。

85. C【解析】纳税人以1个月或1个季度为1个纳税期限的，自期满之日起15日内申报缴纳增值税。

（二）

86. A【解析】该企业利润总额＝（800＋4＋76）－（470＋9.52＋4.08＋40＋50＋48）＝258.4（万元）。

87. B【解析】企业发生的公益性捐赠支出，不超过年度会计利润总额12％的部分，准予扣除。该企业实际公益捐赠40万元，超过扣除限额的部分所得税前不得扣除。故该企业公益性捐赠所得税前扣除限额＝258.4×12％≈31.01（万元）。

88. C【解析】超过公益捐赠扣除限额的捐赠额、各项赞助支出、税收滞纳金不允许税前扣除。企业所得税前营业外支出应纳税调整额＝（40－31.01）＋6＋2＝16.99（万元）。

89. C【解析】该企业应纳税所得额＝258.4－4＋16.99＝271.39（万元）。

90. A【解析】该企业应纳企业所得税税额＝271.39×25％≈67.85（万元）。

（三）

91. D【解析】挂车按照货车税额的50％计税，应纳税额＝50×15×30×50％＝11 250（元）。

92. B【解析】租赁合同应以租金收入为计税依据，印花税税率为1‰。应纳税额＝6 000×9×1‰＝54（元）。

93. A【解析】选项A，车辆购置税计税依据＝90 000＋11 300/（1＋13％）＝100 000（元），100 000×10％＝10 000（元）。选项B，车船税纳税义务发生时间为购入当月，故车船税应纳税额＝360/12×10＝300（元）。选项C，零售环节不缴纳消费税，即使属于应税环节，也是销售方为消费税纳税人。选项D，应当于纳税义务发生之日起60日进行纳税申报。

94. ABC【解析】进口关税完税价格＝35＋5＝40（万元），关税＝40×50％＝20（万元）。进口环节组成计税价格＝（40＋20）/（1－10％）≈66.67（万元）。应纳增值税＝66.67×13％≈8.67（万元）。应纳车辆购置税＝66.67×10％＝6.667（万元）。应纳消费税＝66.67×10％＝6.667（万元）。

95. C【解析】车辆购置税可以申请退税，应当按照购入时的计税依据退税，每满一年扣减10％，故应当退回的车辆购置税＝100×10％×（1－3×10％）＝7（万元）。

（四）

96. B【解析】应纳增值税＝113 000/（1＋13％）×13％＝13 000（元）。

97. A【解析】收取的包装物押金通过“其他应付款”科目核算。

98. D【解析】从小规模纳税人处购进的原材料，取得普通发票，进项税额不得抵扣。

99. B【解析】购进固定资产的进项税额在当期全额抵扣。

100. D【解析】延期付款利息属于价外费用，应计算销项税额，为：100 000/（1＋13％）×13％≈11 504.42（元）。

《财政税收专业知识与实务》（中级）考前预测卷（三）

一、单项选择题

1. D【解析】高价政策主要适用于从全社会利益来看必须限制使用的公共物品和公共劳务，如繁华地段的机动车停车费。

2. B【解析】自2020年1月1日起至2024年12月31日止，对注册在海南自由贸易港并实质性运营的鼓励类产业企业，减按15％的税率征收企业所得税。

3. C【解析】当社会总需求大于社会总供给时，可以通过实行国家预算收入大于支出的结余政策进行调节；而当社会总供给大于社会总需求时，可以通过实行国家预算支出大于收入的赤字政策进行调节；当社会供求总量平衡时，国家预算应通过实行收支平衡的中性政策与之相平衡。

4. B【解析】按财政支出的经济性质把财政支出分为购买性支出和转移性支出。

5. D【解析】财政支出必须讲求效益，其根本原因在于社会经济资源的有限性。

6. C【解析】按照公共物品理论，义务教育以外的高层次教育，不属于纯公共物品，而是属于混合物品。选项 A、B、D 均属于纯公共物品。

7. A【解析】社会保险是指国家通过法律强制实施，为工薪劳动者及其他社会成员在年老、疾病、工伤、生育、失业等情况下，提供必要物质帮助的制度。它是社会保障制度的核心内容。

8. D【解析】财政补贴是国家为了实现特定的政治、经济和社会目标，将一部分财政资金无偿补助给企业和居民的一种再分配形式。在这种分配形式中，财政补贴的性质是通过财政资金的无偿补助而进行的一种社会财富的再分配。

9. B【解析】随着我国经济发展以及征收管理水平的提高，所得税在税收总额中的占比不断上升，显示我国的税制结构正向以所得税与货物和劳务税为双主体的模式转变。

10. C【解析】税收的本质是国家与纳税人在征税、纳税和利益分配上的一种特殊关系。

11. A【解析】历史上第一次提出税收原则的是英国古典政治经济学的创始人威廉·配第，他提出了赋税的公平、简便和节省三条标准，散见于其所著的《赋税论》和《政治算术》两书中。

12. A【解析】本级速算扣除数＝（本级税率－上级税率）×上级征税对象的最高数额＋上一级速算扣除数。则第二级速算扣除数＝（10％－5％）×1 000＋0＝50。

13. D【解析】纳税人的应纳税额与其计税依据价值的比率称为税收负担率。

14. B【解析】税负归宿是指税收负担的最终归着点。

15. B【解析】税收管辖权的确定原则可以分为属地主义原则和属人主义原则。其中，属人主义原则是以纳税人的国籍和住所为标准确定国家行使税收管辖权范围的原则，即对该国的居民（包括自然人和法人）行使征税权力的原则。

16. C【解析】在扣除法下，应纳税额＝（200－200×30％）×40％＝56（万元）。

17. D【解析】外国政府、国际组织无偿援助的进口物资和设备属于免征增值税的项目。

18. D【解析】纳税人销售或者进口货物，除使用低税率和零税率的外，税率为 13％；纳税人提供加工、修理修配劳务，税率为 13％。纳税人销售或者进口下列货物，税率为 9％：①粮食、食用植物油；②自来水、暖气、冷气、热水、煤气、石油液化气、天然气、沼气、居民用煤炭制品；③图书、报纸、杂志；④饲料、化肥、农药、农机、农膜；⑤农产品；⑥音像制品、电子出版物；⑦二甲醚；⑧国务院规定的其他货物。

19. D【解析】应纳税额中扣除外购已税消费品已纳消费税的规定：①以外购的已税烟丝生产的卷烟；②以外购的已税高档化妆品生产的高档化妆品；③以外购的已税珠宝玉石生产的贵重首饰及珠宝玉石；④以外购的已税鞭炮、焰火生产的鞭炮、焰火；⑤以外购的已税杆头、杆身和握把为原料生产的高尔夫球杆；⑥以外购的已税木制一次性筷子为原料生产的木制一次性筷子；⑦以外购的已税实木地板为原料生产的实木地板；⑧以外购的已税汽油、柴油为原料连续生产的汽油、柴油；⑨以外购的已税汽油、柴油、石脑油、燃料油、润滑油用于连续生产应税成品油；⑩以外购的已税电池为原料连续生产的电池；⑪以外购的已税涂料为原料连续生产的涂料。

20. A【解析】纳税人通过自设非独立核算门市部销售的自产应税消费品，应按照门市部对外销售数额或销售数量征收消费税。该小汽车生产企业6月应缴纳的消费税税额＝18 000×10÷（1＋13%）×5%≈7 964.60（元）。

21. C【解析】小规模纳税人销售其自建的不动产，应以取得的全部价款和价外费用为销售额，按照5%的征收率计算应纳税额。

22. B【解析】消费税是对特定的消费品和消费行为征收的一种税，选项B错误。

23. A【解析】国际收支是指一国与其他各国之间在一定时期内全部经济往来的记载。国际收支包括四个项目，即经常项目、资本项目、遗漏与误差和官方平衡项目。

24. C【解析】减税或免税进口的货物需要补税时，应当以海关审定的该货物原进口时的价格，扣除折旧部分价值作为完税价格，其计算公式如下：完税价格＝海关审查确定的该货物原进口时的价格×［1－补税时实际已进口的时间（月）÷（监管年限×12）］；因此，该企业应缴纳的关税税额＝80×［1－18÷（5×12）］×20%＝11.2（万元）。

25. C【解析】免征关税的进出口货物：①关税税额在人民币50元以下的一票货物；②无商业价值的广告品和货样；③外国政府、国际组织无偿赠送的物资；④海关放行前损失的货物；⑤进出境运输工具装载的途中必需的燃料、物料和饮食用品。

26. D【解析】利息所得、租金所得、特许权使用费所得按照负担、支付所得的企业或者机构、场所所在地确定，或者按照负担、支付所得的个人的住所地确定。

27. B【解析】财产租赁所得每次超过4 000元以上的，减除20%的费用，其余额为应纳税所得额，适用20%比例税率。应纳税额＝10 000×（1－20%）×20%＝10 000×80%×20%＝1 600（元）。

28. D【解析】企业所得税不得计算折旧扣除的固定资产包括：①房屋、建筑物以外未投入使用的固定资产；②以经营租赁方式租入的固定资产；③以融资租赁方式租出的固定资产；④已足额提取折旧仍继续使用的固定资产；⑤与经营活动无关的固定资产；⑥单独估价作为固定资产入账的土地；⑦其他不得计算折旧扣除的固定资产。

29. D【解析】福利彩票中奖属于偶然所得，适用比例税率，税率为20%。则李某应缴纳的个人所得税税额＝500 000×20%＝100 000（元）。

30. D【解析】产权未确定及租典纠纷未解决的，由房产代管员或者使用人纳税。选项D错误。

31. B【解析】砂石开采属于从量计征的形式，应纳税额＝销售数量×适用税额＝4 000×2＝8 000（元）。

32. C【解析】纳税人所在地在县城、镇的，城市维护建设税的税率为5%，教育费附加的税率为3%，城市维护建设税和教育费附加以该单位实际缴纳的增值税、消费税的税额计征，故需要缴纳的城市维护建设税和教育费附加＝（3 400＋5 000）×（5%＋3%）＝672（元）。

33. B【解析】船舶的应纳税额＝净吨位×适用单位税额。拖船、非机动驳船分别按照机动船舶税额的50%计算。因此该公司应缴纳的车船税＝3 000×4×5＋900×4×50%＝61 800（元）。

34. B【解析】农村居民占用耕地新建住宅，按照当地适用税额减半征收耕地占用税。该农民应纳耕地占用税＝200×7×50%＝700（元）。

35. B【解析】“五证合一”登记制度改革并非将税务登记取消了，税务登记的法律地位依然存在，只是政府简政放权将此环节简化，选项B错误。

36. A【解析】独立于房屋的建筑物，如围墙、暖房、水塔、烟囱、室外游泳池等不属于房产，但室内游泳池属于房产。

37. A【解析】税款的追征处理：因税务机关的责任致使纳税人、扣缴义务人未缴或者少缴税款的，税务机关在3年内可以要求纳税人、扣缴义务人补缴税款，但是不得加收滞纳金。因纳税人、扣缴义务人计算错误等失误未缴或者少缴税款的，税务机关在3年内可以追征税款、滞纳金；有特殊情况的，追征期可以延长到5年。对偷税、抗税、骗税的，税务机关追征其未缴或者少缴的税款、滞纳金或者所骗取的税款，不受规定期限的限制。

38. B【解析】铁路线路、公路线路、飞机场跑道、停机坪、港口、航道、水利工程占用耕地，减按每平方米2元的税额征收耕地占用税。

39. D【解析】有下列情形之一的，由税务机关处1万元以上5万元以下的罚款；情节严重的，处5万元以上50万元以下的罚款；有违法所得的予以没收：①转借、转让、介绍他人转让发票、发票监制章和发票防伪专用品的；②知道或者应当知道是私自印制、伪造、变造、非法取得或者废止的发票而受让、开具、存放、携带、邮寄、运输的。

40. D【解析】粮食企业购进的免税农产品发生了非正常损失，其原来已经抵扣的进项税需要转出去，通过“应交税费——应交增值税（进项税额转出）”处理。由于免税农产品按照买价乘以9%来抵扣进项税，买价扣除进项税后的金额计入成本。所以，成本＝买价－买价×9%，9 100＝买价－买价×9%，所以买价＝9 100÷（1－9%）＝10 000（元），进项税额＝10 000×9%＝900（元）。

账务处理为：

借：待处理财产损溢　　10 000

　　贷：原材料　　9 100

　　　　应交税费——应交增值税（进项税额转出）　　900

41. A【解析】景气发行原则是指发行公债应根据社会经济状况而定，必须有利于社会经济的稳定和发展。

42. D【解析】税务机关在调查税收违法案件时，经设区的市、自治州以上税务局（分局）局长批准，可以查询案件涉嫌人员的储蓄存款。

43. C【解析】预算年度有历年制和跨年制两种形式，我国预算采取历年制，即每年的1月1日起至12月31日止。

44. D【解析】法学视角下的政府预算主要从社会公众通过立法机构规范政府预算行为的角度出发，循着政府行为法治化的线索，考察法律对政府预算各利益相关主体间权利与义务关系的调节与规范。

45. A【解析】商品销售涉及商业折扣的，应按照扣除商业折扣后的金额确定销售商品收入金额；而现金折扣应在实际发生时作为财务费用扣除。

46. D【解析】为了确保政府采购活动中的公正原则，《中华人民共和国政府采购法》建立了回避制度。

47. C【解析】财政联邦主义的精髓在于使地方政府拥有合适与合意的财政决策自主权。

48. C【解析】提布特在《地方支出的纯理论》一文中提出了地方政府之间的竞争理论。

49. B【解析】分率分征是指对同一税源各级预算同时按不同税率征收，美国主要实行这种方法。

50. A【解析】最早提出转移支付概念的是著名经济学家庇古，他在 1928 年出版的《财政学研究》中第一次提出这一概念。

51. D【解析】行政管理费支出按费用要素区分，分为人员经费和公用经费支出。其中，人员经费支出包括工资、福利费、离退休人员费用及其他；公用经费包括公务费、修缮费、设备购置费和业务费等。

52. B【解析】公共卫生服务属于纯公共物品，基本医疗服务属于混合物品，选项 B 错误。

53. A【解析】影响税制结构的根本性因素是经济发展水平。

54. D【解析】进口销售、待售的车辆不缴纳车辆购置税，进口自用的需要征收车辆购置税。该 4S 店应缴纳车辆购置税＝15×2×（1＋10%）÷（1－9%）×10%≈3.63（万元）。

55. D【解析】运用财政政策调节经济、调节社会总需求，是国民经济宏观调控的重要内容。就财政政策本身来说，问题的焦点是怎样处理财政平衡问题。

56. A【解析】财政政策的直接作用对象是财政收支及其平衡关系，而这种关系能够触及人们的经济利益，从而左右着人们的经济行为。

57. B【解析】财政政策的工具包括政府预算、税收、公债、政府投资、公共支出、财政补贴。

58. B【解析】按照对经济周期的调节作用划分，财政政策可以分为自动稳定的财政政策和相机抉择的财政政策。

59. D【解析】货币政策的传导机制是指中央银行运用货币政策手段影响中介目标进而实现最终目标的途径和机能。

60. B【解析】财政政策与货币政策的配合运用是指各种类型财政政策与货币政策的不同组合，即膨胀性（松的）、紧缩性（紧的）和中性三种类型的不同组合。凡是使银根松动的措施，如减税、增加政府支出、降低准备金率与利率、扩大信贷支出等，都属于“松”的政策措施。

二、多项选择题

61. BDE【解析】市场失灵主要表现为外部效应、市场垄断、信息不充分和不对称、收入分配不公、经济波动与失衡。

62. ABD【解析】基础设施投资具有初始投资大、建设周期长以及投资回收慢的特征，这些特征决定了大型的基础设施很难由个别企业的独立投资来完成。

63. ABCD【解析】社会保障制度分为社会保险型、社会救济型、普遍津贴型、节俭基金型。

64. CE【解析】按财政补贴的环节分类，可以分为生产环节的补贴、流通环节的补贴、分配环节的补贴和消费环节的补贴。其中，属于分配环节的补贴主要有财政贴息和税收支出等。

65. DE【解析】税负转嫁条件包括：①商品经济的存在；②自由的价格体制。

66. AC【解析】国际上最重要、影响力最大的国际税收协定范本包括经济合作与发展组织的《关于对所得和财产避免双重征税的协定范本》，即《OECD 协定范本》和联合国的《关于发达国家与发展中国家间避免双重征税的协定范本》，即《UN 协定范本》。

67. ACD【解析】一般纳税人销售自产的下列货物，可选择按照简易办法依照 3%征收率计算缴纳增值税：①县级及县级以下小型水力发电单位生产的电力；②建筑用和生产建筑材料所用的砂、土、石料；③以自己采掘的砂、土、石料或其他矿物连续生产的砖、瓦、石灰（不含黏土实心砖、瓦）；④用微生物、微生物代谢产物、动物毒素、人或动物的血液或组织制成的生物制品；⑤自来水；⑥商品混凝土（仅限于以水泥为原料生产的水泥混凝土）。

68. ABCD【解析】公债偿还本金的方式有市场购销偿还法、抽签偿还法、比例偿还法、到期一次偿还法、调换偿还法。

69. BDE【解析】选项A，股息、红利等权益性投资收益，除国务院财政、税务主管部门另有规定外，按照被投资方做出利润分配决定的日期确认收入的实现。选项C，租金收入，按照合同约定的承租人应付租金的日期确认收入的实现，其中，合同约定租赁期限跨年度，且租金提前一次性支付的，可在租赁期内分期均匀确认收入的实现。

70. ACE【解析】专项扣除包括居民个人按照国家规定的范围和标准缴纳的基本养老保险、基本医疗保险、失业保险等社会保险费和住房公积金等。

71. ABC【解析】生产成本是指为制造产品或提供劳务而发生的成本，主要由直接材料、直接人工和制造费用三个项目构成。

72. ACDE【解析】选项A、C、D、E属于免征个人所得税的情形，选项B的财产租赁所得属于应按照规定缴纳个人所得税的情形。

73. BCD【解析】纳税担保的适用对象包括：①税务机关有根据认为从事生产、经营的纳税人有逃避纳税义务行为的；②欠缴税款的纳税人需要出境的；③纳税人同税务机关在纳税上发生争议而未缴清税款，需要申请行政复议的；④税收法律、行政法规规定可以提供纳税担保的其他情形。

74. AB【解析】公债的产生要具备两个基本条件：一是财政支出的需要，二是社会闲置资金的存在。

75. ABCD【解析】政府预算的含义包括：①从形式上看，政府预算是以政府财政收支计划的形式存在的；②从性质上看，政府预算是具有法律效力的文件；③从内容上看，政府预算反映公共资源的分配和政府职能范围；④从作用上看，政府预算是政府调控经济和社会发展的重要手段。

76. BE【解析】按预算编制的方法分类，政府预算分为基数预算和零基预算。

77. ABCD【解析】分税制主要包括"分事、分税、分权、分管"四层含义。

78. AD【解析】烟叶税的征税范围包括晾晒烟叶、烤烟叶。

79. ABC【解析】财政收入分配职能的机制和手段包括：①划清市场分配和财政分配的界限与范围；②规范工资制度；③加强税收的调节作用；④用好转移性支出。选项D、E属于财政资源配置职能的机制和手段。

80. BD【解析】财政政策对国民经济运行的调节具有两个明显的特点：直接性和强制性。

三、案例分析题

（一）

81. C【解析】进口货物的完税价格，由海关以该货物的成交价格为基础审查确定。并且应当包括货物运抵中华人民共和国境内输入地点起卸前的运输及其相关费用、保险费。关税完税价格＝210＋31＋4＝245（万元）。关税＝245×10%＝24.5（万元）。

82. C【解析】纳税人进口应税消费品，按照组成计税价格和规定的税率计算应纳消费税，组成计税价格＝（关税完税价格＋关税）/（1－消费税税率）；甲公司进口越野车应缴纳的消费税＝（245＋24.5）/（1－25%）×25%≈89.83（万元）。

83. D【解析】增值税销项税额＝（339＋13.56）/（1＋13%）×13%＝40.56（万元）。

84. A【解析】增值税销项税额＝20.34/（1＋13%）×13%＝2.34（万元）。

85. B【解析】委托加工应税消费品受托方应代收代缴的消费税＝（材料成本＋加工费）/（1－消费税税率）×消费税税率＝（84＋35）/（1－25%）×25%≈39.67（万元）。

（二）

86. ABCD【解析】“工资、薪金所得”税目，包括个人因任职或者受雇而取得的工资（选项B）、薪金、奖金（选项A、C）、年终加薪、劳动分红、津贴、补贴（选项D）以及与任职或者受雇有关的其他所得。

87. A【解析】居民个人计入综合所得应纳税所得额的劳务报酬的收入额＝收入×（1－20%）＝1 500×（1－20%）＝1 200（元）。

88. B【解析】劳务报酬所得、稿酬所得、特许权使用费所得，以收入减除20%的费用后的余额为收入额，稿酬所得的收入额减按70%计算。居民个人计入综合所得应纳税所得额的稿酬所得的收入额＝收入×（1－20%）×70%＝5 000×（1－20%）×70%＝2 800（元）。

89. A【解析】预扣预缴个人所得税＝［6 000＋200＋3 600＋500－5 000－5 000×（8%＋2%＋0.5%＋12%）］×3%＝125.25（元）。

90. A【解析】工资收入额＝（6 000＋200＋3 600＋500）×12＝123 600（元），劳务收入额＝1 500×（1－20%）＝1 200（元），稿酬收入额＝5 000×（1－20%）×70%＝2 800（元），综合所得＝123 600＋1 200＋2 800－［5 000＋5 000×（8%＋2%＋0.5%＋12%）］×12＝54 100（元）。综合所得应纳个人所得税＝54 100×10%－2 520＝2 890（元）。

（三）

91. C【解析】城镇土地使用税以纳税人实际占用的土地面积（平方米）为计税依据。该公司应缴纳的城镇土地使用税税额＝$2\ 000\times\frac{4}{4+1}\times5=8\ 000$（元）。

92. A【解析】国家机关自用的土地免征城镇土地使用税。

93. D【解析】土地使用权出售、房屋买卖应缴纳契税，其计税依据为成交价格。该公司应缴纳的契税税额＝4 100 000×4%＝164 000（元）。

94. A【解析】货车、专用作业车、轮式专用机械车的应纳税额＝车船的整备质量×适用单位税额。该公司载货汽车应缴纳的车船税税额＝10×5×20＝1 000（元）。

95. A【解析】乘用车、客车、摩托车的应纳税额＝应税车辆数量×适用单位税额。该公司乘人汽车应缴纳的车船税税额＝4×400＝1 600（元）。

（四）

96. C【解析】光明公司少缴纳的增值税税额＝［550＋5÷（1＋13%）］×13%＋［58.5＋5÷（1＋13%）］×13%－30×13%－2×9%≈76.18（万元）。

97. C【解析】销售摩托车少缴纳的消费税税额＝［550＋5÷（1＋13%）］×10%≈55.44（万元）。

98. A【解析】销售小汽车少缴纳的消费税税额＝［58.5＋5÷（1＋13%）］×3%≈

1.89（万元）。

99. D【解析】光明公司少缴纳的消费税税额＝55.44＋1.89＝57.33（万元）。

100. ABC【解析】在限期内发现纳税人有明显转移、隐匿其应纳税的商品、货物以及其他财产或者应纳税收入迹象的，应责成纳税人提供纳税担保。税务机关责令具有税法规定情形的纳税人提供纳税担保而纳税人拒绝提供纳税担保或无力提供纳税担保的，经县以上税务局（分局）局长批准，税务机关可以采取的税收保全措施包括：①书面通知纳税人开户银行或其他金融机构冻结纳税人的金额相当于应纳税款的存款；②扣押、查封纳税人的价值相当于应纳税款的商品、货物或者其他财产。

《财政税收专业知识与实务》（中级）考前预测卷（四）

一、单项选择题

1. B【解析】在市场经济条件下，社会资源的配置主体是市场，而不是政府。只有在市场失灵的领域才有必要由政府介入。因此，在现代市场经济中，市场失灵才是财政存在的前提。

2. D【解析】准公共物品是指既有公共物品的特征，又有私人物品特征的物品，如教育、医疗等。选项 A、B、C 属于纯公共物品。

3. B【解析】当社会总需求大于社会总供给时，实行国家预算收入大于支出的结余政策进行调节；当社会总供给大于社会总需求时，实行国家预算支出大于收入的赤字政策进行调节。

4. C【解析】积累性支出是指财政直接增加物质财富及国家物资储备的支出，主要包括基本建设支出、国家物资储备支出、生产性支农支出等。

5. A【解析】政府在分析财政支出的效益时，计算所费与所得的范围较微观经济组织宽得多。政府不仅要计算直接的、有形的所费与所得，而且还要分析间接的、无形的所费与所得；不仅要分析政府本身在某项支出上的投入及所得到的利益，还需分析社会为该项支出所付出的代价和所获得的利益。

6. B【解析】横向公平具有以下四个方面的要求：①排除特权阶层免税；②自然人和法人均须纳税；③对公私经济均等征税；④对本国人和外国人在征税上一视同仁。

7. C【解析】社会救助也称社会救济，是政府对生活在社会基本生活水平以下的贫困居民给予的基本生活保障。维持最低水平的基本生活是社会救助制度的基本特征。

8. A【解析】普遍津贴型是政府按照“人人有份”的福利原则举办的一种社会保障计划，其资金来源完全由政府预算拨款。

9. A【解析】税制结构的影响因素有：经济因素、政策因素和征管因素。经济因素包括经济发展水平和经济结构。其中，经济发展水平是制约税制结构的根本因素。

10. C【解析】税收是各国取得财政收入的最主要形式，许多国家税收收入已达到财政收入比重 90%以上，可以说，财政职能（或称收入职能）是税收的首要和基本职能。

11. D【解析】公共定价的对象不仅包括国家机关和各个部门提供的公共物品，而且包括私人部门提供的公共物品。从定价政策来看，公共定价包括两个方面：一是纯公共定价，即政府直接制定的自然垄断行业（如能源、通信和交通等公共事业）的价格，二是管制定价或价格管制，即政府规定涉及国计民生而又带有竞争性的行业（如金融、农业、高等教育和医药等行业）的价格。

12. A【解析】税负转嫁，是指纳税人通过各种途径将应缴税额全部或部分地转给他人负担从而造成纳税人与负税人不一致的经济现象。

13. C【解析】甲设计公司当月应缴纳增值税税额＝（206 000－10 300）/（1＋3%）×3%＝5 700（元）。

14. D【解析】免税法亦称“豁免法”，是指居住国政府对其居民来源于非居住国的所得额，单方面放弃征税权，从而使国际重复征税得以彻底免除。这种方法是承认收入来源地管辖权的独占地位，会使居住国利益损失较大，所以，采用免税法的国家也很少。

15. C【解析】经营所得的抵免限额＝100×30%＝30（万元），来源于乙国的经营所得已纳税款＝100×20%＝20（万元），小于抵免限额 30 万元，因此经营所得的已纳税款 20 万元可以全额得到抵免。在甲国需补税＝30－20＝10（万元），利息所得的抵免限额＝10×10%＝1（万元），来源于乙国利息所得已纳税款＝10×20%＝2（万元），大于抵免限额 1 万元，实际抵免额为 1 万元，因此不需要补缴利息所得税。故苏女士应在甲国纳税共计 10 万元。

16. B【解析】采取预收货款方式销售货物的，其增值税纳税义务发生时间为货物发出的当天。但生产销售生产工期超过 12 个月的大型机械设备、船舶、飞机等货物，为收到预收款或者书面合同约定的收款日期的当天。选项 B 错误。

17. B【解析】全面实施绩效管理的三个维度包括构建全方位预算绩效管理格局、建立全过程预算绩效管理链条以及完善全覆盖预算绩效管理体系三个部分，不包括选项 B。

18. B【解析】将自产货物分配给投资者应视同销售，征收增值税。钟表眼镜商店为顾客修理眼镜，提供的是“修理”货物的劳务，应征收增值税。某企业委托酒厂加工白酒，收回后直接对外销售，销售的“白酒”属于货物范畴，应征收增值税。农业生产者销售的自产农产品属于增值税的免征项目。

19. A【解析】一般纳税人销售自己使用过的固定资产（允许抵扣进项税的）按照法定税率 13%进行计算。甲公司应纳增值税＝208÷（1＋13%）×13%≈23.93（万元）。

20. B【解析】市场价格调整导致价值量减少，不属于非正常损失，不作进项税额转出处理。无法准确确定进项税额的，按当期实际成本计算应扣减的进项税额。非正常损失的进项税额转出＝25×13%＝3.25（万元）。

21. B【解析】纳税人照护 3 岁以下婴幼儿的相关支出，父母（监护人）按照每孩每月 1 000 元的标准定额扣除。父母（监护人）可以选择由其中一方按标准的 100%扣除，父母（监护人）也可以由双方分别按扣除标准的 50% 扣除。选项 B 错误。

22. A【解析】运往境外加工的货物，出境时已向海关报明，并且在海关规定期限内复运进境的，应当以境外加工费和料件费以及该货物复运进境的运输及其相关费用、保险费为基础审查确定完税价格。因此，该企业应缴纳进口关税＝（4 000＋1 000＋2 000＋500）×6.1×6%＝2 745（元）。

23. A【解析】因为房产地点在农村，因此无论自用还是经营用均不缴纳房产税。

24. C【解析】与生产经营活动有关的器具、工具、家具等最低折旧年限为 5 年。

25. D【解析】只有法定继承人通过继承承受土地、房屋权属的，才免征契税。直系亲属之间的赠与也需要缴纳契税。选项 D 错误。

26. A【解析】税前扣除的主要项目包括：工资、薪金；补充保险；利息；职工福利费；工会经费；职工教育经费；业务招待费；广告费和业务宣传费；环境保护、生态恢复等方面的专项资金；非居民企业境内机构、场所分摊境外总机构费用；公益性捐赠支出。其中，非金融企业向非金融企业借款的利息支出，不超过按照金融企业同期同类贷款利率计算的数额的部分，准予扣除。企业为购置、建造固定资产、无形资产和经过 12 个月以上的建造才能达到预定可销售状态的存货发生借款的，在有关资产购置、建造期间发生的合理的借款费用，应当作为资本性支出计入有关资产的成本，并按税法规定扣除。

27. C【解析】选项 A、B 的工资、薪金所得，稿酬所得属于综合所得的范畴，适用 3%～45%的超额累进税率；选项 D 应按照 20%的比例税率计算缴纳；选项 C 的个体工商户的生产、经营所得属于经营所得，适用 5%～35%超额累进税率。

28. A【解析】采用整备质量为计税标准的有：载货汽车、挂车、专业作业车和轮式专用机械车。客车采用辆为计税标准；船舶采用净吨位为计税标准；游艇采用艇身长度为计税标准。

29. B【解析】证券交易印花税对证券交易的出让方征收，不对受让方征收，选项 B 错误。

30. A【解析】申请人对复议范围中征税行为以外的其他具体行政行为不服，可以申请行政复议，也可以直接向人民法院提起行政诉讼。选项 A，罚款金额有争议属于税务处罚行为，税务处罚属于选择复议。选项 B、C、D 属于征税行为。

31. D【解析】个人及其所扶养家属维持生活必需的住房和用品，不在税收保全措施的范围之内。个人所扶养家属是指与纳税人共同居住生活的配偶、直系亲属以及无生活来源并由纳税人扶养的其他亲属。个人及其所扶养家属维持生活必需的住房和用品不包括机动车辆、金银饰品、古玩字画、豪华住宅或者一处以外的住房。税务机关对单价 5 000 元以下的其他生活用品，不采取税收保全措施。

32. B【解析】凡是缴纳了耕地占用税的，从批准征收之日起满 1 年时开始征收城镇土地使用税；征用非耕地因不需要缴纳耕地占用税，应从批准征收之次月起征收城镇土地使用税。

33. D【解析】选项 A，因纳税人、扣缴义务人计算错误等失误，未缴或者少缴税款的，税务机关在 3 年内可以追征税款、滞纳金；有特殊情况的，追征期可以延长到 5 年。选项 B、C，对偷税、抗税、骗税的，税务机关追征其未缴或者少缴的税款、滞纳金或者所骗取的税款，不受期限的限制。选项 D，因税务机关的责任，致使纳税人、扣缴义务人未缴或者少缴税款的，税务机关在 3 年内可以要求纳税人、扣缴义务人补缴税款，但是不得加收滞纳金。

34. B【解析】根据我国《预算法》的规定，经国务院批准的省、自治区、直辖市的预算中必需的建设投资的部分资金，可以在国务院确定的限额内，通过发行地方政府债券举借债务的方式筹措。举借债务的规模，由国务院报全国人民代表大会或者全国人民代表大会常务委员会批准。省、自治区、直辖市依照国务院下达的限额举借的债务，列入本级预算调整方案，报本级人民代表大会常务委员会批准。选项 A 错误，选项 B 正确。除上述规定外，地方政府及其所属部门不得以任何方式举借债务，选项 C 错误。举借的债务应当有偿还计划和稳定的偿还资金来源，只能用于公益性资本支出，不得用于经常性支出，选项 D 错误。

35. B【解析】该笔会计处理造成企业少缴增值税＝20 000/（1＋13%）×13%≈2 300.88（元）。

36. A【解析】发票的检查方法有：①对照检查法；②票面逻辑推理法；③顺向检查法；④逆向检查法。其中，增值税专用发票检查的一般方法包括鉴别真伪、逻辑审核、就地调查、交叉传递和双重稽核。

37. C【解析】该商场的账务处理为：

借：库存现金　　339 000

　　贷：主营业务收入　　[339 000÷（1+13%）] 300 000

　　　　应交税费——应交增值税（销项税额）　　[300 000×13%] 39 000

38. B【解析】期间费用包括管理费用、销售费用和财务费用。

39. C【解析】政府的内外债和基于法律规定的养老金负债都属于直接债务，选项C错误。

40. B【解析】控制分析法一般适用于对生产企业的投入与产出、耗用与补偿的控制分析。

41. D【解析】公债市场的功能主要有实现公债的顺利发行和偿还；合理有效调节社会资金的运行，提高社会资金效率。

42. B【解析】流通市场又称二级市场，是公债交易的第二阶段，一般是公债承购机构与认购者之间的交易，也包括公债持有者与政府或公债认购者之间的交易，它又分证券交易所交易和场外交易两类。

43. D【解析】政府预算具有综合性，政府预算是各项财政收支的汇集点和枢纽，综合反映了国家财政收支活动的全貌，反映政府活动的范围和方向，是国家的基本财政收支计划。

44. A【解析】周期平衡预算政策是美国经济学家阿尔文·汉森提出的，是指财政应从经济周期波动的整个周期来考察预算收支的平衡，即应在一个完整的经济周期内保持收支平衡，而不是在某一个特定的财政年度或一个日历时期内保持平衡。

45. C【解析】《预算管理一体化规范》提出将预算项目作为预算管理的基本单元。

46. D【解析】审计部门预算监督的主要内容包括对预算编制的审计、对预算执行的审计、对决算的审计、对政府性基金的审计等。

47. B【解析】竞争性谈判采购是指采购人通过与多家供应商进行分别谈判后从中确定中标供应商并授予合同的一种采购方式。对采用竞争性谈判采购的一般会赋予限制条件，如招标后没有供应商投标、技术复杂或者性质特殊、采用招标所需时间不能满足用户紧急需要等特殊情况。

48. D【解析】俱乐部理论是指研究非纯公共品的供给、需求与均衡数量的理论。

49. B【解析】执行审批预算调整方案职权的机构是各级人民代表大会常务委员会。

50. D【解析】国库现金管理的操作方式包括商业银行定期存款、买回公债、公债回购和逆回购等。在国库现金管理初期，主要实施商业银行定期存款和买回公债两种操作方式。

51. B【解析】共担类专项转移支付是指按照事权和支出责任划分属于中央与地方共同事权，中央将应分担部分委托地方实施而设立的专项转移支付。

52. D【解析】高价政策主要适用于从全社会利益来看必须限制使用的公共物品和公共劳务，如繁华地段的机动车停车费，选项D错误。

53. C【解析】个人月平均工资低于当地职工月平均工资的60%的，按照当地职工月平均工资的60%为缴费基数；个人月平均工资高于当地职工月平均工资的300%的，按照当地职工月平均工资的300%作为缴费基数。王某的月工资20 000元＞当地职工月平均工资的3倍，即18 000元，所以应按照18 000元作为缴费基数。

54. C【解析】税款征收的方式包括查账征收、查定征收、查验征收和定期定额征收。

55. A【解析】分税制财政管理体制简称分税制，是指在明确划分中央和地方政府事权和支出范围的基础上，按照事权与财权、财力统一的原则，结合税种的特性，划分中央与地方的税收管理权限与税收收入，并辅之以补助制的一种财政管理体制。

56. D【解析】造成通货膨胀的原因包括需求拉动、成本推动、结构摩擦、外国输入等。

57. B【解析】政府运用的财政政策工具主要有：政府预算、税收、公债、政府投资、公共支出、财政补贴等，它们都是经由一定的途径和方式作用于政策目标的。选项B，信贷属于货币政策工具。

58. A【解析】财政政策的主体是各级政府，主要是中央政府。

59. C【解析】作为财政政策手段，财政补贴最主要的优点是其灵活性和针对性，这是其他财政政策手段所不具有或不完全具有的。

60. D【解析】财政政策与货币政策的不同点是：①两者的政策工具和调节范围不同；②两者在国民收入分配中所起的作用不同；③两者对需求调节的作用方向不同；④两者在扩大和紧缩需求方面的作用不同；⑤两者的政策时滞性不同。

二、多项选择题

61. AB【解析】在市场经济条件下，之所以必须进行财政资源配置，主要有两个原因：一是许多社会公共需要和公共物品无法通过市场来提供和满足，如行政、国防、司法、公安、外交等；二是市场资源配置有一定的盲目性。

62. CE【解析】公共物品是理论抽象的，在实践中通常作为例子的是国防。但通常把法律设施、环境保护、行政管理服务、基础科学研究等也视作公共物品。

63. AC【解析】社会救济型的社会保障制度的特点包括：①受保人不用缴纳任何费用，保障计划完全由政府从政府预算中筹资；②受保人享受保障计划的津贴需要经过家庭收入及财产调查，只有经济条件符合受保人的资格才享受政府的津贴。

64. ABDE【解析】德国经济学家瓦格纳提出的税收原则包括：财政政策原则、国民经济原则、社会公平原则、税务行政原则。

65. ABC【解析】衡量宏观税收负担的指标主要是国民生产总值负担率和国民收入负担率。

66. ACDE【解析】国际税收是指两个或两个以上国家政府，因行使各自的征税权力，在对跨国纳税人进行分别征税而形成的征纳关系中所发生的国家之间的税收分配关系。这一概念包括以下两重含义：①国际税收不是一种独立的税种；②国际税收不能离开跨国纳税人。

67. ABCE【解析】古旧图书属于免征增值税项目。选项A、B、C、E均属于增值税的征收范围。

68. CE【解析】由受托方代扣代缴、代收代缴“两税”的单位和个人，其代扣代缴、代收代缴的城市维护建设税按受托方所在地适用税率执行。甲企业位于农村，作为受托单位，纳税地点在农村，且不在市区、县城或镇的城市维护建设税税率为1%。其中乙委托方是纳税义务人，甲受托方是代收代缴义务人。

69. AC【解析】企业的下列收入为免税收入，具体包括：①国债利息收入；②地方政府债券利息收入；③符合条件的居民企业之间的股息、红利等权益性投资收益；④在中国境内设立机构、场所的非居民企业从居民企业取得与该机构、场所有实际联系的股息、红利等权益性投资收益；⑤符合条件的非营利组织的收入（捐赠收入、政府补助等）。

70. ABCD【解析】纳税人有下列情形之一的，纳税人应当依法办理纳税申报（自行申报）：①取得综合所得需要办理汇算清缴；②取得应税所得没有扣缴义务人；③取得应税所得，扣缴义务人未扣缴税款；④取得境外所得；⑤因移居境外注销中国户籍；⑥非居民个人在中国境内从两处以上取得工资、薪金所得；⑦国务院规定的其他情形。

71. BCDE【解析】纳税人在批准临时占用耕地期满之日起1年内依法复垦，恢复种植条件的，全额退还已经缴纳的耕地占用税，选项A错误。

72. CE【解析】烟叶税的征税范围包括晾晒烟叶、烤烟叶。

73. ABD【解析】查询从事生产、经营的纳税人的银行存款账户，需要经过县以上税务局局长批准，选项C错误。经设区的市、自治州以上税务局（分局）局长批准，可以查询案件涉嫌人员的储蓄存款，选项E错误。

74. ACD【解析】项目支出预算的编制原则包括：①综合预算的原则；②科学论证、合理排序的原则；③追踪问效的原则。

75. ABCE【解析】税收收入划分的原则包括：①效率原则；②适应原则；③恰当原则；④经济利益原则。

76. ACE【解析】政府间转移支付的特点包括：①政府间转移支付的范围只限于政府之间；②政府间转移支付是无偿的支出；③政府间转移支付并非政府的终极支出。

77. ABCD【解析】世界各国通用的公债发行方式有四种，即直接发行方式、承购包销方式、公募招标方式、连续发行方式。

78. ABCE【解析】现代预算制度的原则包括公开性、可靠性、完整性、统一性、年度性。

79. ACE【解析】纳税担保的形式包括纳税保证、纳税抵押、纳税质押。

80. AB【解析】财政直接参与国民收入分配，选项A错误。银行并不直接参加国内生产总值的分配，选项B错误。

三、案例分析题

（一）

81. D【解析】从价计征部分计税依据＝350/（1＋13%）≈309.73（万元）。应纳增值税＝309.73×13%≈40.27（万元）。应纳消费税＝［350/（1＋13%）］×20%＋（30×2 000×0.5）/10 000≈64.95（万元）。

82. B【解析】委托加工应税消费品受托方没有同类消费品销售价格的，按组成计税价格计税，计税公式为：组成计税价格＝（材料成本＋加工费）/（1－消费税比例税率）。乙企业已代收代缴的消费税＝（6＋1）/（1－10%）×10%≈0.778（万元）。

83. B【解析】受托方位于丁市，城市维护建设税税率为7%，教育费附加税率为3%。乙企业已代收代缴的城市维护建设税及教育费附加＝0.778×（7%＋3%）＝0.077 8（万元）。

84. A【解析】销售药酒的增值税和消费税共同计税依据＝90＋11.3/（1＋13%）＝100（万元）。应纳消费税＝100×10%＝10（万元），应纳增值税＝100×13%＝13（万元）。

85. B【解析】馈赠散装药酒应纳增值税＝（150×200）/（1＋13%）×13%/10 000≈0.345 1（万元）。

（二）

86. C【解析】广告费和业务宣传费的扣除限额＝5 200×15%＝780（万元），小于实际发生额700＋200＝900（万元），本年度税前只能扣除780万元；超过扣除限额的120万元2022年度税前不得扣除。该企业2022年所得税前可扣除的销售费用＝1 340－120＝1 220（万元）。

87. A【解析】企业之间支付的管理费30万元不得在税前扣除；业务招待费的60%＝80×60%＝48（万元），大于5 200×5‰＝26（万元），所以税前可以扣除的业务招待费为26万元，差额54万元（80－26）税前不得扣除。该企业2022年所得税前可扣除的管理费用＝960－30－54＝876（万元）。

88. A【解析】非金融企业向非金融企业借款的利息支出，不超过按照金融企业同期同类贷款利率计算数额的部分，准予扣除。2022 年所得税前可扣除的财务费用＝200×5%×9/12＝7.5（万元）。

89. C【解析】企业实际支付的合理的工资、薪金可以据实扣除，无需纳税调整；工会经费的扣除限额＝72×2%＝1.44（万元），小于 2.16 万元，职工福利费的扣除限额＝72×14%＝10.08（万元），小于 15.16 万元，职工教育经费的扣除限额＝72×8%＝5.76（万元），大于 5.6 万元；工资、职工福利费、工会经费、职工教育经费纳税调整金额＝（2.16－1.44）＋（15.16－10.08）＝5.8（万元）。

90. A【解析】国债利息收入和居民企业直接投资于其他居民企业取得的投资收益，免征企业所得税，因此投资收益 54 万元为免税收入。该企业 2022 年应纳税所得额＝5 200（收入）－2 200（成本）－320（税金及附加）－1 220（销售费用）－876（管理费用）－7.5（财务费用）－27（营业外支出 20＋7）＋5.8（纳税调增）－100（以前年度亏损）＝455.3（万元）。

（三）

91. B【解析】章先生工资收入应纳个人所得税税额＝（8 500－5 000）×3%＝105（元）。

92. A【解析】预扣预缴税款时，稿酬所得每次收入不超过 4 000 元的，减除费用按 800 元计算，每次收入在 4 000 元以上的，减除费用按收入的 20%计算。稿酬所得的收入额减按 70%计算。章先生稿酬收入应纳个人所得税税额＝80 000×（1－20%）×20%×（1－30%）＝8 960（元）。

93. B【解析】预扣预缴税款时，劳务报酬所得每次收入不超过 4 000 元的，减除费用按 800 元计算；每次收入 4 000 元以上的，减除费用按收入的 20%计算。章先生会计咨询收入应纳税所得额＝40 000×（1－20%）＝32 000（元），会计咨询收入应预缴个人所得税税额＝32 000×30%－2 000＝7 600（元）。

94. C【解析】偶然所得适用比例税率，税率为 20%。章先生中奖所得应纳个人所得税税额＝8 000×20%＝1 600（元）。

95. CD【解析】国债和国家发行的金融债券利息，教育储蓄存款利息以及国务院财政部门确定的其他专项储蓄存款或者储蓄性专项基金存款利息，免纳个人所得税，选项 A 错误。保险赔款免纳个人所得税，选项 B 错误。

（四）

96. B【解析】企业厂区以内的绿化用地，照章征收城镇土地使用税，选项 A 错误。甲企业自用房产按计税余值缴纳房产税，选项 C 错误。与乙企业签订的财产租赁合同属于印花税的征税范围，选项 D 错误。

97. D【解析】应缴纳城镇土地使用税＝65 000×4/10 000＝26（万元）。

98. D【解析】依据房产租金收入计征房产税的，税率为 12%。出租仓库应缴纳房产税＝1.5×12×12%＝2.16（万元）。

99. C【解析】甲企业应缴纳房产税＝（6 000－200）×（1－20%）×1.2%＋2.16＋500×（1－20%）×1.2%/12×4＝59.44（万元）。

100. D【解析】煤炭实行从价定率征收资源税。应纳资源税＝300×2%＝6（万元）。